챗GPT·바드

인공지능이 바꿔놓을

핵심역량 4가지

챗GPT·바드
인공지능이 바꿔놓을
핵심역량 4가지

초판 1쇄 발행   2023년 6월 5일

지은이   윤석만
펴낸이   신민식
펴낸곳   가디언
출판등록   제2010-000113호

주소   서울시 마포구 토정로222 한국출판콘텐츠센터 306호
전화   02-332-4103
팩스   02-332-4111
이메일   gadian@gadianbooks.com
홈페이지   www.sirubooks.com

편집   허남희
디자인   미래출판기획
마케팅   이수정

종이   월드페이퍼(주)
인쇄 제본   (주)상지사P&B

ISBN   979-11-6778-083-6(13320)

챗GPT·바드
인공지능이 바꿔놓을
핵심역량
4가지

윤석만 지음

Ai시대,
우리는 어떤 능력을
갖춰야 할까?

내 일자리가
위협받고 있다.

가디언

■ 일러두기
이 책은 2018년에 출간된 ≪인간혁명의 시대≫를 일부 수정, 개정한 책입니다.

•

인공지능(AI)은 계산기다

인공지능(AI) '챗GPT'의 열풍이 거셉니다. 그 열풍에 구글이 한글까지 탑재한 더 뛰어난 기능의 '바드'를 출시했고, 네이버를 위시한 국내 기업도 초거대 AI를 곧 선보일 예정입니다. '오픈 AI'가 만든 챗GPT는 자연어 처리 기술로 만든 대화형 AI인데, 출시 두 달 만에 월간 사용자(MAU) 1억 명을 돌파했습니다. 기존의 틱톡(9개월), 인스타그램(30개월) 등 주요 디지털 서비스를 모두 압도했습니다. 이제 시작에 불과하지만 지금껏 우리가 경험해보지 못한 속도로 세상이 변할 것은 자명합니다. 그래서 처음으로 출시된 챗GPT의 능력은 어떨지 실험을 한번 해봤습니다. 정답이 존재하는 질문은 답변하기 쉬울 것 같아 다소 창의성이 필요한 문제를 냈습니다. 대통령 신년사를 작성해달라는 것이었죠.

챗GPT는 곧장 '친애하는 국민 여러분'이란 말로 시작하는 800여 자의 글을 내놨습니다. 팬데믹을 화두로 "어려움을 이겨내고 하나로 뭉친 국민이 자랑스럽다"고 했죠. 그러면서 응급구조대원과 의료진에 감사의 뜻을 표하고 "그들의 용기와 이타심이 대한민국의 힘을 끊임없이 일깨워준다"며 치하했습니다. 끝으로는 경제 위기 극복의 자신감을 나타내며 "더욱 강하고 번영하는 국가를 만들겠다"고 다짐했습니다.

아울러 챗GPT는 문단 중간 중간에 '구체적인 도전 과제', '정책 목표 및 우선순위', '목표 달성을 취한 세부 조치' 등을 덧붙이라고 친절하게 조언했습니다. 물음을 바꿔가며 수차례 답변을 얻어낸 것이지만 각 질문마다 10초도 되지 않아 내놓은 글치고는 매우 훌륭했습니다. 여기에 정부의 주요 국정과제와 공정·자유 등 주요 주제만 녹인다면 연설문 작성자에게 괜찮은 초안이 될 것이라고 생각했습니다.

이어서 "챗GPT를 주제로 칼럼을 써보라"고 했더니 1,200자 분량의 글이 나왔습니다. AI 기술의 발전과 챗GPT의 특성, 이용 분야와 미래 전망, 윤리적 문제 등의 한계를 기승전결에 맞춰 일목요연하게 정리했습니다. 내용의 창의성과 구체성은 떨어졌지만 논리적 구성과 표현력은 흠 잡을 데가 없었습니다. 앞서 연설문 작성자는 물론 글쓰기가 주업인 이들에게도 챗GPT는 훌륭한 도구가 될 것처럼 보였습니다.

그도 그럴 것이 챗GPT는 미국 경영전문대학원(MBA)인 와튼스쿨의 기말시험을 B학점으로 통과했습니다. 담당자였던 크리스천 터비시 교수는 챗GPT가 "문제를 잘 풀었고 설명이 훌륭했다"며 "고임금 노동자의 일부 기술을 자동화하는 능력을 보였다"고 설명했습니다. 미국 의학매체 '메드페이지 투데이(MedPage Today)'도 챗GPT가 미국의사면허시험(USMLE)에서 합격 기준점에 달하는 점수를 받았다고 보도했습니다.

이처럼 챗GPT는 사회 전 분야에서 이슈가 되고 있습니다. 이세돌 9단을 꺾었던 인공지능(AI) 알파고를 넘는 신드롬입니다. 5년 전 《인간혁명의 시대》에서 예측했던 많은 일들이 실현됐거나 현실화하고 있습니다. 10년 가까이 수많은 칼럼과 저서, 특강 등을 통해 미래를 향한 여러 질문과 전망을 내놨습니다. '인간의 범주는 어디까지일까', 'AI도 사랑할 수 있나', '지구의 새로운 종은 기계일 것인가' 등 미래인문학의 관점에서 제기한 질문들은 인류가 미래사회를 대비하는 데 좀 더 풍성한 고민거리를 제공했습니다.

그러나 이제는 챗GPT와 같은 AI 기술의 발전으로 더욱 구체적인 질문과 답변이 필요해졌습니다. 단순 전망보다는 어떻게 대비할 것인가에 초점을 맞출 때라는 이야기입니다. AI를 대표로 하는 기술혁신이 구체적으로 학교와 회사 등 일상생활에 어떤 영향을 미치고, 그 안에서 우리는 무엇을 준비해야 하는지 나침반 역할을 해야 한다고 생각했습니다. 기존의 내용 중 지금 시대에 맞게 강조할 부분은 남겨두고, 부족한 부분은 새로 썼습니다. 미래인문학적 관점에서 제기했던 일반론은 책의 흐름에 방해가 될 것 같아 과감히 제외했습니다.

그러나 원작과 개정판의 핵심 생각은 같습니다. 모두 변화의 필연을 다루고 있기 때문입니다. 다시 말해 변화하는 세상 속에서 '나 홀로' 전진하지 않는 것은 미래를 망치는 지름길이라는 것입니다. 흐르는 물속에 가만히 누워 있으면 떠내려가는 게 세상 이치이듯, 앞으로 나아가지 않으면 우리는 후퇴합니다. 그렇게 전진하기 위해선 2가지가 필요합니다. 세상이 어떻게 변할지 정확하게 예측하고, 우리는 무엇을 대비해야 하는지 아는 것입니다.

예를 들어 챗GPT의 기술적 성과를 폄훼하는 것도 잘못이지만, 이를 확대 해석해 당장이라도 인간의 지적 능력을 대체할 것처럼 호들갑 떠는 것도 문제입니다. 가령 챗GPT의 본질을 알려면 AI를 둘러싼 오랜 토론 주제 중 하나인 '튜링 테스트'와 '중국어 방' 논쟁을 이해하고 있어야 합니다. 현대적 AI 개념의 창시자이자 영국의 수학자인 앨런 튜링(Alan Turing)은 컴퓨터가 사람처럼 대화할 수 있으면 인간과 같은 지능을 갖고 있다고 봤습니다.[1] 그러나 미국의 언어학자 존 설(John Searle)은 이를 사고 실험으로 반박했습니다.

중국어를 전혀 할 줄 모르는 미국인(정확히는 영어를 모국어로 쓰는 사람)이 밀폐된 방에서 구문론적 규칙이 적힌 지침서에 따라 기계적으로 중국어를 변환한 쪽지를 밖에 내놓습니다. 중국어 말뜻을 몰라도 답지를 내놓는 행위에 익숙해지면, 외부의 사람들은 방 안에 중국인이 있다고 믿게 됩니다. 존 설은 "기계적 변환 행위에 능숙하다고 해서 미국인이 중국어를 제대로 이해한다고 할 수 있느냐"고 반박한 것이죠.[2]

챗GPT 역시 거대한 중국어 방이라고 볼 수 있습니다. 일종의 대형언어모델(LLM)인 챗GPT는 수많은 말뭉치에서 패턴을 파악해 문장을 만들어냅니다. 하지만 자신이 만든 문장의 의미를

---

1) 영국의 수학자 앨런 튜링이 1950년 〈계산기계와 지능〉이란 논문에서 밝힌 개념. 튜링 테스트는 인공지능과 대화할 때 보통의 인간과 구별할 수 없으면 지능을 갖고 있다고 봐야 한다는 것. 아울러 그는 인간의 역량을 가진 컴퓨터를 개발하는 게 어렵기 때문에 유아 수준의 컴퓨터를 만들어 학습을 통해 발전시키자고 제안. 오늘날 기계학습 이론의 모태가 됨.
2) 존 설은 언어를 의미론과 구문론 두 가지로 나눠봐야 한다고 지적. 즉, 중국어 방은 구문론을 충분히 익혔을지 모르나, 의미론은 이해하지 못한다는 것. 챗GPT는 정교하고 방대한 데이터를 다루는 중국어 방인 셈.

스스로 인지하지 못하며, 심지어 내용의 진위 여부를 가리거나 가치 판단도 할 수 없습니다. 단지 인간의 언어를 흉내내 그럴 듯한 답변을 제시할 뿐이죠. 언어를 매개로 고차원적 사고를 하는 인간의 지적 능력과는 차원이 다르다는 이야기입니다.

우리가 챗GPT를 올바르게 쓰는 방법은 마치 계산기를 사용하는 것과 비슷합니다. 전자계산기로 고차원적 수학 연구를 할 수 있게 됐듯, 챗GPT는 인간의 지적 역량을 높이는 좋은 도구가 될 수 있습니다. 보고서 등을 작성할 때 자료 수집 시간을 대폭 줄일 수 있고, 연설문·기사와 같은 글의 초안을 잡는 데 도움받을 수 있습니다. 음성 서비스와 연계하면 독거노인과 유아 등의 돌봄 로봇에 적용하는 것도 가능하죠. 도구로써 챗GPT의 장점은 취하되 부작용은 보완하는 게 올바른 AI 사용법입니다.

물질의 발달은 늘 문명이 발전할 수 있는 토대를 마련합니다. 기술혁명은 필시 인간 사회와 문화를 송두리째 흔들어놓습니다. 여기서 중요한 것은 이런 기술혁명이 역사의 주요 변곡점마다 존재했고, 그 때 인류의 대처가 어떠했느냐에 따라 문명이 진보하기도 후퇴하기도 했다는 것입니다. 그리고 지금 우리는 과거 그 어느 때보다 진폭이 크고 속도가 빠른 거대한 기술혁명을 눈앞에 두고 있습니다.

다만 지금까지 기술의 발달은 인간의 신체를 확장하는 것이었습니다. 다리를 대신해 수레에서 자동차, 비행기, 우주선까지. 다양한 교통수단이 생겨났죠. 눈을 대신해 모니터와 스마트폰, 망원경 등이 만들어졌습니다. 하지만 앞으로의 혁명은 인간의 몸이 아니라 뇌를 대신하는 다양한 기술을 잉태할 것입니다.

생각과 판단, 논리와 추론 같은 지적 능력이 AI로 아웃소싱되는 세상이 온다는 이야기죠. 그 시대에 인간은 어떤 능력을 갖춰야 할 것인가 하는 중요한 질문을 마주하게 될 것입니다.

그렇다면 우리는 이제 무슨 역량을 갖춰야 할까요? 학교와 대학은 어떻게 바뀌어야 할까요? 이미 교육현장에서는 AI와 빅데이터 등 디지털 기술을 활용해 교사의 일방적 수업 대신 맞춤형 학습을 하고 있습니다. 단순 지식 전달과 기본 개념 이해는 AI 교사도 충분히 할 수 있는 상황이고요. 미네르바 스쿨 (Minerva School) 같은 혁신적인 대학이 나와 미래교육의 새로운 모델도 보여주고 있습니다. 그러나 구체적으로 우리가 어떤 능력을 중점으로 키워야 하고, 그 교육법은 무엇인지에 대한 공통된 의견은 없는 상황입니다.

하지만 해법은 의외로 간단합니다. AI와 경쟁하지 말고 AI를 활용할 수 있는 능력을 키우면 됩니다. 여기서 제일 중요한 것은 AI가 잘할 수 있는 일과 못하는 일을 구분하는 것입니다. 여전히 인간의 두뇌와 손길이 필요한 역량이 무엇인지 따져보는 것이죠. 예를 들어 질문하는 능력은 AI 시대에 더욱 중요해질 것입니다. 챗GPT를 통해 경험했듯 질문의 수준에 따라 답변이 달라집니다.[3] 잘 물어봐야 좋은 대답이 나오는 거죠. 뉴턴이 떨어지는 사과를 보고 왜 떨어질까 물었던 것처럼, 인간의 본질은 답을 내놓는 게 아니라 질문하는 데 있습니다.

앞서 챗GPT에게 '대한민국 대통령의 신년사를 작성해줘'라고 간단히 물었을 때는 원론적인 답변을 내놨습니다. 그러나 질문의 방향을 조금씩 달리 하면 더욱 구체적인 기술을 하기 시작합니다. 질문의 내용과 방식에 따라 각기 다른 답을 내놓는 것이죠. 챗GPT의 결과물은 질문자의 역량에 따라 달라지는 거죠. AI는 인간을 모방해 어마어마한 데이터를 다루지만, 결국 방대한 지식의 물꼬를 트는 것은 인간입니다. 우리가 마치 계산기를 사용하는 것과 비슷한 이치죠. 이제 더 이상 스마트폰 사용 이전의 세상으로 돌아갈 수 없듯, AI가 없는 시대로 회귀하는 것은 불가능합니다. 우리는 새로운 기술과 환경의 변화에 적응하는 것을 넘어 적극적으로 대응해야 합니다.

---

3)챗GPT는 말뭉치에서 그럴듯한 문장과 단어를 뽑아내 최적의 결과물을 내놓는 시스템이기 때문에 질문의 내용에 따라 답변이 크게 달라진다. 특히 영어를 기반으로 한 데이터가 압도적으로 많기 때문에 챗GPT가 수집한 자료의 대부분은 영어일 수밖에 없다. 한국어로 물었을 때와 영어로 물었을 때 답변의 퀄리티가 달라지는 이유다.

그래서 챗GPT에게도 물어봤습니다. AI의 올바른 이용법과 인간에게 필요한 역량은 무엇이냐고 말이죠. 그러자 다음과 같이 답했습니다. "AI가 잘못 사용될 수 있으니 책임감 있고 윤리적으로 이용할 수 있는 방식을 고민해야 한다. 인간은 AI가 따라할 수 없는 창의적이고 감정을 표현하는 능력 등을 길러야 한다." 우리가 고민해야 할 것은 '기계의 인간화'가 아니라 '인간의 기계화'라는 이야기입니다. 하지만 지금의 우리 사회는 '인간의 기계화'를 부추기고 있습니다.

이 책의 목적은 미래 변화의 키워드를 살펴보고, 이를 대비하기 위해서는 어떻게 해야 하는지 따져보는 것입니다. 지난 10년 동안 대기업 CEO와 국회의원, 고위관료, 판사·의사 등 전문직부터 학부모·학생에 이르기까지 수많은 강의를 하면서 가장 많이 받았던 질문의 해답을 책에 담았습니다. 그것은 바로 "미래의 인간은 어떤 능력을 갖춰야 하는가"라는 질문입니다. AI 세상 저 편에서 인간은 어떻게 살게 될까요? '멋진 신세계'가 펼쳐질지, '빅브라더'의 세상일지 결정하는 것은 우리의 몫입니다.[4] 그 여정을 여러분과 함께 떠나보겠습니다.

---

4) 각각 올더스 헉슬리와 조지 오웰의 SF소설 제목과 주요 등장인물. 각각 다른 관점에서 미래를 디스토피아로 풍자했다.

차례

Chapter 3 미래인재 핵심역량 4가지

Chapter 4 AI를 활용할 능력

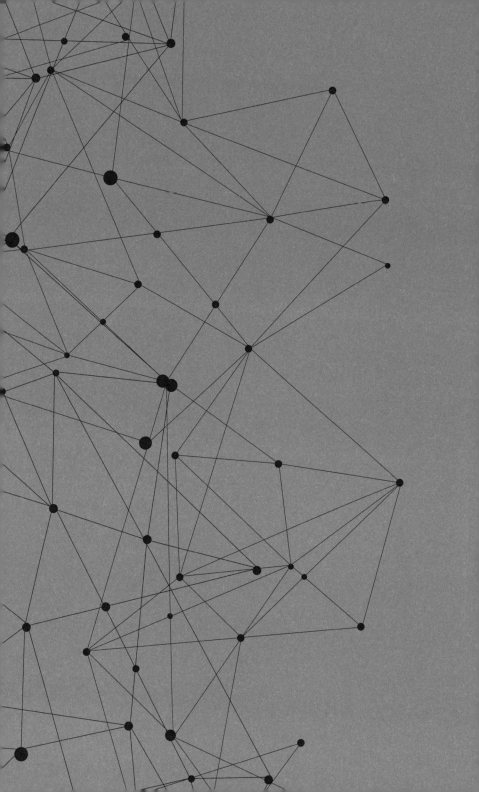

Chapter 1

인공지능(AI)이 바꿔놓을 세상

직업 증발이 시작되었다

:
:

'유나바머'를 아시나요? 젊은 세대들은 잘 모를 수 있지만, 지금의 40, 50대는 한 번쯤 들어봤을 이름입니다. 유나바머(Unabomber)는 'university and airline bomber'의 줄임말입니다. 주로 대학과 비행기 등에 폭탄을 보내 인명을 살상했던 테러범이죠.[5] 그의 행동은 특정한 누군가에게 앙갚음을 하거나 복수를 위한 것이 아니었습니다. 그는 발전된 과학기술 문명이 인간의 삶을 더욱 힘들게 한다며 컴퓨터 엔지니어와 과학자 등을 대상으로 폭탄 테러를 저질렀습니다.

유나바머는 1996년 동생의 제보로 FBI에 체포됐습니다. 그의 본명은 시어도어 커진스키(Theodore Kaczynski)로, 전 세계인들은 그의 정체를 알고 다시 한번 놀라지 않을 수 없었습니다. 희대의 폭탄 테러범이었던 유나바머가 알고 보니 하버드대학을 졸업한 수학 천재였던 것입니다. 체포되었을 당시에 그는 산 속에서 문명과 인연을 끊은 채 살고 있었지만 그 전까지는 버클리대학 교수로 재직했던 엘리트였습니다. 그는 이른바 〈유나바머 선언문〉에서 "인류에게 재앙이었다. 기술이 발전할수록 상황은 더욱 악화될 것이다. 인간의 존엄성은 사라지고 고통받는 노동자는 더욱 많아질 것"이라고 자신의 주장을 밝혔습니다.

기술의 발전이 인간을 파괴할 것이고, 그렇기 때문에 이를 막아야 한다는 생각. 이런 신념을 가진 이들은 18세기 영국에도 있었습니다. 1811년 영국 노팅엄에서 직물공장의 노동자들이 폭동을 일으켰습니다. 이들은 자신이 일하던 직물공장을 습격해 기계를 모두 부수어버렸습니다. 몇 달 동안 총과 해머를 든 시위대에 의해 1,000대가 넘는 기계가 파괴되었습니다. 노팅엄에서 시작된 폭동의 횃불은 랭커서, 요크서, 체셔 등 직물공업이 발달한 영국 북부의 여러 주(州)로 확산됐습니다. 이것이 바로 '러다이트(Luddites)' 운동입니다.[6]

보통 산업혁명이라고 하면 증기기관을 떠올리지만, 18~19세기 영국에서 기술 혁신의 대명사는 방적기였습니다. 방적기는 노동자

---

5) 1978년 5월부터 1995년 4월까지 18년 동안 16차례 우편물 폭탄을 보내 3명을 죽이고 23명에게 상해를 입혔다.

6) 시위대는 자신들의 리더인 네드 러드(Ned Ludd)의 이름을 따 자신들을 '러다이트'라고 칭했다. 나아가 네드의 성을 따 '러드 장군(General Ludd)', '러드 왕(King Ludd)' 등으로 불렸지만 그가 실존했던 인물인지에 대해선 정확히 알려지지 않았다.

들과 비교도 할 수 없는 속도로 직물을 생산해냈습니다. 그러자 노동자를 고용해 수공업으로 직물을 제조하던 자본가들이 점차 방적기를 도입하기 시작했습니다. 자본가들은 수공업자들에게 방적기를 빌려주기 시작했고, 방적기가 하나둘 늘어날수록 일자리를 잃는 노동자들은 기하급수적으로 늘어났습니다. 인간은 방적기와 경쟁이 불가능했습니다. 대량생산으로 직물 가격이 하락하면서 임금은 더욱 낮아졌고 노동자들은 더욱 극심한 가난으로 내몰릴 수밖에 없었습니다. 설상가상으로 당시 유럽 대륙을 점령한 나폴레옹이 영국과의 통상을 금지하는 '대륙봉쇄령(Blocus Continental)'을 내리면서 영국의 실업률은 치솟았고 식량 부족 사태까지 일어났습니다. 방적기의 도입으로 생활수준이 형편없이 떨어진 노동자들은 결국 폭동을 일으키고 맙니다.

결국 1812년 영국 의회는 기계를 파괴하는 사람은 사형될 수 있다는 법을 제정했고, 1813년 러다이트를 주도했다는 죄목으로 17명의 노동자가 사형 선고를 받았습니다. 그러나 이 사건 이후로 러다이트의 불길은 유럽 전역으로 퍼져나갑니다. 1818년 독일의 언론 〈쾰른차이퉁(Klnische Zeitung)〉은 러다이트에 대해 다음과 같은 기사를 싣기도 했습니다.

증기기관 한 대가 1,000명의 사람을 실업자로 만들고 노동자 모두에게 분배될 이익을 한 사람에게 넘기기도 한다. 새로운 기계가 나올 때마다 많은 가정이 빵을 빼앗긴다. 증기기관이 하나 만들어지면 거지의 숫자가 늘어난다. 사회의 모든 돈이 일부의 자본가들 손에 들어가

고 대다수의 사람들은 그들에게 잘 보이려고 애걸하는 세상이 올 수
도 있다.

러다이트는 기계가 인간을 돕는 게 아니라, 인간이 기계보다 못
한 삶을 살게 만들 것이라고 주장했습니다. 러다이트 운동은 단순
히 기계를 부수는 데서 끝나지 않았고, 파괴운동을 통해 자본가 계
급을 비판하는 효과를 불러오기도 했습니다.

이후 영국은 기술 발전에 따른 노동자의 실업문제를 해결하기
위해 적극적으로 나서기 시작했습니다. 그런데 그 방법이 옳지 않
았습니다. 대표적인 것이 1865년 영국 의회가 제정한 '붉은 깃발
법(Red Flag Act)' 입니다.[7] 이는 자동차 산업의 발전을 반대하는 마
부들의 불만을 잠재우기 위해 제정된 법률로, 자동차 한 대를 운행
하기 위해서는 운전사와 기관원, 기수 등 3명이 따라붙어야 한다고
정하고 있습니다. 그러나 이 법은 산업의 발전 속도를 따라가지 못
하고 결국 폐기되었습니다. 그리고 자연스럽게 마부라는 직업 또
한 사라졌습니다.

이처럼 기술 발전이 기존 직업의 소멸을 가져오는 것은 필연적
입니다. 그리고 AI로 대표되는 새로운 기술혁명은 산업 분야의 일
대 변혁을 예고하고 있습니다. 한국직업능력개발원은 '2027년에
는 국내 일자리의 52%가 AI로 대체될 것' 이라고 전망합니다. 인간

---

[7] 아이러니하게도 붉은 깃발법은 마차와 자동차 산업 모두를 수렁으로 빠뜨렸다. 당대 최고의
기술력을 갖고 있던 영국은 이 법 때문에 자동차 산업이 후퇴하는 수모를 겪었다. 그 빈자리는
미국이 대체했다.

이 만든 미래 기술이 아이러니하게도 오히려 인간의 일자리를 위협하고 있는 형국이죠.

그러나 대다수의 사람들은 아직 이런 현실을 실감하지 못하고 있습니다. 내가 직접 겪게 될 일이 아니라 나와는 관계없는 먼 미래의 일이라고 생각하기 때문입니다. 그러나 미래는 점진적으로 찾아오는 것이 아니라 어느 한 순간 성큼 다가올 가능성이 큽니다. 수많은 직업들이 천천히 사라지며 일자리가 감소하는 것이 아니라 어느 한 순간에 갑자기 '훅'하고 나의 직업이 사라질 수도 있습니다. 바로 '직업 증발'입니다.

과거에도 이런 사례는 종종 있었습니다. 1880년대 미국에서 엘리베이터 관리원(elevator operator)이라는 직업이 처음 등장했습니다. 이들의 숫자는 계속 늘어 1950년대 12만 명으로 정점을 찍었습니다. 그러나 10년 후인 1960년대 엘리베이터 관리원의 수는 6만 명으로 반토막이 났습니다. 그리고 얼마 지나지 않아 직업 자체가 사라져버렸습니다. 산업의 발달로 없어진 대표적인 '직업 증발' 사례입니다.

한국에서도 비슷한 사례가 존재합니다. 1980년대 중반까지만 해도 전국의 버스에는 '버스 안내원'이 있었습니다. '안내양'이라고 불렸던 이들은 보통 10대 후반에서 20대 초반의 여성들로, 하얀 장갑을 끼고 버스요금을 받고 거스름돈을 주거나 승객들이 모두 탑승하면 "오라이 오라이"를 외치며 버스의 출발을 알렸습니다. 하지만 버스에서 안내방송을 시작하고, 하차 벨이 생기면서 더 이상

이들의 역할은 필요 없게 되었고, '안내양'이라는 직업은 역사 속으로 사라졌습니다. 이처럼 기술혁신은 필연적으로 일부의 일자리를 사라지게 합니다.

물론 이런 전망을 부정하는 이들도 있습니다. 없어진 일자리만큼 새로운 직업이 생겨나기 때문에 일자리 문제는 크게 걱정할 필요가 없다는 것입니다. 버스의 하차 벨과 교통카드 리더기가 '버스 안내원'이라는 직업이 사라지게 만들었지만, 다른 한편으로 대리기사와 카풀러같은 새로운 직업이 생겨났습니다. 새 일자리가 생기면서 인간은 전보다 더욱 많은 기회를 갖게 되었다는 것입니다.

물론 지금까지는 이런 논리가 통했습니다. 여러 전문가들은 인류 역사에서 기술 혁신은 일자리를 축소한 것이 아니라 생산성을 높여 근무시간을 줄이고 삶의 질을 끌어올렸다고 말합니다. 그 과정에서 높아진 삶의 질을 지탱할 수 있는 새로운 일자리가 생겨났습니다. 예를 들어 산업혁명 초기 주당 80시간이던 노동시간은 현재 40시간 이하로 줄었습니다. 생산성의 증가로 잉여가치가 늘어나면서 인간의 욕망을 충족시켜줄 수 있는 새로운 직업들이 생겨났습니다. 지금까지의 기술 혁신이 기존의 직업을 쇠퇴시키는 대신 새로운 일자리를 만들어왔듯이 미래에도 기술은 새로운 직업을 만들어낼 것이고, 따라서 일자리에 대한 걱정을 할 필요가 없다는 것이 미래를 긍정적으로 바라보는 이들의 생각입니다.

물론 없어질 직업을 놓고 고민하기보다는 앞으로 새로 생길 일자리를 준비하고 대비하는 것이 더욱 현명한 태도일 것입니다. 그러나 자기 분야에서 피땀 흘려 노동하며 생계를 꾸려가는 한 명 한 명의 생활인들에게 '당신의 직업이 없어진 만큼 새로운 직업이 나타날 테니 너무 걱정하지 말라'라고만 말할 수는 없습니다. 새로운 일자리가 생기나 전체 산업과 노동구조의 측면에서는 별 문제가 없다고 할 수도 있지만, 곧 없어질지도 모르는 일자리를 가진 당사자들에게 '직업 증발'은 생계와 삶의 목표가 걸린 큰 문제입니다.

특히 우리 앞에 펼쳐질 기술 혁신은 과거와는 전혀 다른 차원으로 진행될 것입니다. 지금껏 기계로 대체된 일자리의 대부분은 육체를 이용한 단순노동이었습니다. 새로운 기술이 나와도 인간만이 할 수 있고 인간이 더 잘할 수 있는 일은 여전히 많이 남아 있었습니다. 그러나 기계가 단순히 인간의 물리적 노동만을 대체하는 것이 아니라 지적 능력까지 대신하게 될 때 그 사회에서 인간이 차지하는 역할은 지금과는 전혀 다른 양상을 띠게 될 것입니다. 더군다나 미래에 새로운 직업이 생겨난다 해도 지금처럼 대다수의 사람들이 혜택을 볼 수 있으리라는 보장도 없으며, 새로운 직업을 평생 유지할 수 있을지도 불확실합니다.

실제로 한국고용정보원의 연구 결과에 따르면 AI가 상용화되는 미래에는 현재 사람이 수행하고 있는 능력의 상당 부분은 쓸모없게 되리라고 예측합니다. 2030년 국내 398개 직업이 요구하는 역량 중 84.7%는 AI가 인간보다 낮거나 같을 것이라는 분석이죠. 경찰관(88%), 약사(84.2%), 미용사·보험영업원(79.2%), 영양사(76%) 등의 역량은 상당 부분 AI로 대체될 전망입니다.

전문직으로 여겨지는 법조인과 의사도 예외는 아닙니다. 변호사의 경우 2025년까지 37%, 2030년까지 48.1%로 AI가 인간을 따라잡게 됩니다. 판사나 검사 또한 2025년까지 34.5%, 2030년에는 58.6%까지 AI의 능력이 높아질 전망이고요. 의사는 더욱 심합니다. 2025년 33.3%, 2030년 70%입니다. 의료 분야에선 이미 AI 의사 왓슨이 큰 활약을 하고 있습니다. 2030년엔 교수(59.3%), 기자(52.4%) 등도 절반 이상의 역량이 AI와 같거나 못하게 된다고 합니다.

이처럼 AI 기술의 발전은 급격한 속도로 우리 사회 전반에서 '직업 증발'을 가져올 것입니다. 지금까지의 기술 혁신과는 차원이 다르게 말이죠. 당장 우리 눈앞에 예견되는 대표적인 '직업 증발'의 사례는 운전기사입니다. 미래기술의 혁신을 선도하는 자율주행차가 상용화될 경우 백만 명 가까이 되는 버스, 택시, 화물차 등의 직업기사와 대리운전기사가 일자리를 잃게 될 것입니다. 그것도 한순간에 말이죠. 이런 이유 때문에 인도 교통부는 자국 내 일자리 보호를 위해 자율주행차 도입을 금지하겠다고 선언하기도 했습니다. 당시 니틴 가드카리(Nitin Gadkari) 교통부 장관은 "우리는 기술에 일자리를 뺏기게 할 순 없다. 기술이 인간 일자리를 대체하게 놔두지 않을 것"이라고 말했습니다.

하지만 자율주행차는 이미 거스를 수 없는 대세가 되었습니다. 이는 비단 '운전기사'의 증발뿐 아니라 산업의 생태지도와 시민들의 일상적인 생활 패턴까지 바꿔놓을 것입니다. 2017년 'Driverless

Future(운전자 없는 미래)' 보고서는 이미 2032년경 자동차 소유자가 현재의 절반으로 뚝 떨어지게 될 거라고 예측했습니다. 이 보고서는 3개 도시를 분석하여 현재와 비교해 자가 차량 보유자 비율이 댈러스 31%, 로스앤젤레스 44%, 뉴욕 60%의 순서로 급감하게 될 것이라고 전망했습니다. 자가 운전가가 사라진다는 것은 곧 자동차 구매자가 없어진다는 것을 의미합니다. 대신 사람들은 자동차를 '소유'하는 게 아니라 '공유'하게 될 것이란 이야기죠.

이 연구 결과를 바탕으로 모빌리티업계에서는 다소 흥미로운 전망을 제기하기도 합니다. 벤츠, BMW 같은 자동차 제조업체가 미래사회에는 차량 공유 서비스를 제공하는 일종의 렌터카업체로 변신하게 되리라는 것입니다. 마치 최근 몇 년 사이에 호텔업이 지고 에어비앤비가 주목받고 있는 것과 같은 이치라고 할 수 있습니다.

이렇게 미래 기술의 혁신은 우리의 모든 것을 바꾸어놓을 것입니다. 자율주행차뿐 아니라 다른 산업과 직업 분야도 마찬가지입니다. 특히 기계가 인간의 능력을 넘어서는 특이점(singularity)이 가까워질수록 AI로 대체되는 일자리는 더욱 많아질 것입니다. 미래학자 레이커즈와일(Ray Kurzweil)의 말처럼 "조만간 AI가 지식과 정보의 습득 능력뿐 아니라 논리와 추론의 영역에서도 인간을 뛰어넘을 것"이기 때문입니다. 일본의 소프트뱅크 손정의 회장 또한 "30년 후 특이점이 올 것"이라고 예측하고 있습니다.[8] 이처럼 특이점 시대에 '직업 증발'의 속도만큼 새로운 일자리가 생겨나지 않는다면 우리의 미래는 어두울 것입니다.

'직업 증발'의 시대를 제대로 대비하지 못할 경우 제2의 유나바머가 나타나거나 또 다른 러다이트 운동이 발생할 수도 있습니다. 지금 우리는 중대한 결정을 내려야 할 시점에 서 있습니다. 몇 년 후에는 현재 직업 중의 몇 퍼센트가 없어질 거라는 어두운 전망을 곱씹으며 발만 동동 구르거나 우울감에만 휩싸여서는 안 됩니다. 반대로 새로운 직업이 생겨날 거라는 순진한 낙관론에 빠져서도 안 되겠지요.

가장 먼저 해야 할 일은 사회적 차원에서 앞으로 없어질 직업에 종사하는 사람들에 대한 재취업 준비를 돕는 것입니다. 이들이 새로운 직업 전선으로 나아갈 수 있도록 길을 열어주어야 합니다. 하지만 새로운 직업에 대한 전망과 재교육이 말처럼 쉬운 일이 아닙니다. 1960년대 미국에서는 자동화가 사람의 일자리를 대신할 것이라는 부정적 전망이 나오기 시작했습니다. 기계로 인한 자동화 시스템이 확산되면서 실직자가 늘어날 것이라는 걱정이 점점 확산되었습니다. 이에 대비하기 위해 미국 정부는 노동부 산하에 자동화·인력 부서를 설치했고, 1964년에는 국가 기술·자동화·경제 진보위원회를 만들었습니다.

이 기관들을 중심으로 각종 재취업 교육이 시작되었습니다. 예

---

[8] 당초 일찌감치 경영 일선에서 물러날 예정이었던 손정의 회장이 이를 번복한 일화는 유명하다. 이임식을 앞둔 주총회장에서 그는 경영 일선에 계속 남겠다는 의지를 천명했고, 그 이유로 '특이점'을 들었다. 자신이 직접 '특이점'에 가까운 기술을 준비하겠다고 밝혔다. 이후 그는 영국의 반도체 회사 ARM을 인수했고, 현재 이 회사는 기업가치가 90조 원이 넘는 대기업으로 성장했다.

를 들어 이 당시 직업 훈련프로그램 중에는 사무실에서 많이 사용하는 복사기와 타자기 등을 수리하는 기술 교육도 있었습니다. 이때 제록스와 같은 복사기 회사들은 자체적으로 많은 수리공을 확보하고 있었고, 개인 기술자 중에서도 타자기 등을 전문적으로 고치는 이들이 많았습니다. 그러나 이들의 직업은 오래가지 못했습니다. 기술의 발전으로 복사기의 고장률이 현격하게 떨어지면서 많은 수의 수리공이 필요 없어졌고, 더 나아가 컴퓨터라는 혁신적인 제품의 등장으로 타자기 자체가 시장에서 사라지고 말았습니다. 결국 복사기와 타자기 수리공이라는 직업은 그리 오래가지 못했습니다.

이 사례를 통해 우리가 얻을 수 있는 교훈은 조만간 기계로 대체될 수 있는 기술을 인간이 배우도록 하는 건 무의미하다는 것입니다. 미래는 AI의 시대입니다. 이때 우리에게 필요한 역량은 무엇인지, AI와의 경쟁에서도 비교 우위를 가질 수 있는 능력이 무엇인지 잘 찾아봐야 합니다. 이런 준비 없이 미래를 맞게 된다면 우리의 미래는 매우 암울해질 것이 분명합니다. 4차 산업혁명으로 대표되는 기술 혁신의 성과가 다수의 시민들에게 돌아가도록 하기 위해서는 먼저 직업과 일자리 문제부터 해결해야 합니다. 그리고 그 출발점은 학교에서 교사들은 무엇을 가르치고, 학생들은 무엇을 배워야 할지를 고민하는 것입니다.

가짜 직업의 시대

. . .

"새로운 20 대 80의 사회가 온다."

그 유명한 파레토의 법칙입니다. "이탈리아 인구의 20%가 국가가 가진 전체 부의 80%를 가지고 있다"라는 빌프레도 파레토(Vilfredo Federico Damaso Pareto)의 주장입니다. 오늘날엔 전체 원인의 20%가 전체 결과의 80%를 야기한다는 뜻으로도 통용됩니다. 그렇다면 '새로운 20 대 80의 사회'는 무엇을 의미하는 걸까요?

이 말은 현존하는 인물 중 미래에 가장 가까이 가 있는 사람의 이야기입니다. 영화 〈아이언맨〉을 찍기 위해 로버트 다우니 주니어(Robert Downey Jr.)가 인터뷰했던 그 사람, 바로 테슬라모터스와 스페이스엑스의 CEO 일론 머스크(Elon Musk)입니다. 머스크는 2017년 두바이에서 열린 '월드 거버먼트 서밋(World Govemment

Summit)'에서 "미래사회는 AI의 상용화로 인간의 20%만이 의미 있는 직업을 갖게 될 것"이라고 밝힌 바 있습니다.

물론 머스크의 이 같은 주장이 새로운 이야기는 아닙니다. 4차 산업혁명이라는 말이 회자되면서 직업과 일자리에 대한 부정적 전망은 이미 많이 나왔습니다. 그런데 머스크의 새로운 파레토 법칙은 이전과는 조금 다른 의미를 갖습니다. 단순히 일자리가 없어지는 데서 그치는 것이 아니라 20%의 사람들이 나머지 80%를 먹여 살린다는 걸 전제하고 있기 때문입니다. 머스크는 이런 사회가 가능한 이유를 국가가 주는 기본소득으로 설명합니다. AI가 인간의 일을 상당 부분 대체하면, 엄청난 기술 혁신이 이루어져 사회 전체의 생산성이 월등하게 높아지고 이로 인해 전체 인구의 20%만 일을 해도 나머지 80%를 책임질 수 있는 세상이 온다는 것입니다. 그러면 80%는 노동을 하지 않아도 국가가 지급하는 기본소득으로 생활을 유지하는 사회 체제가 가능하다는 것이 머스크의 생각입니다.

과거에도 이와 유사한 주장을 펼친 이들이 있습니다. 세계적 미래학자인 제레미 리프킨(Jeremy Rifkin)이 대표적인 인물입니다. 그는 자신의 저서 《노동의 종말(The End of Work)》을 통해 인간 노동이 끝나는 시대를 전망했습니다. 이 책에서 리프킨은 "지금 우리는 글로벌 시장과 생산의 자동화라는 새로운 시대에 진입하고 있다. 노동자가 거의 없는 경제로 향하는 길이 눈앞에 보이고 있다"라고 말합니다. 산업혁명이 가축 노동의 끝을, 정보혁명이 인간의 단순한 육체노동의 종말을 의미했다면, 앞으로 4차 혁명은 인간

노동 자체의 종언을 가져오리라고 리프킨은 예측합니다.

그의 예측처럼 실제로 '노동의 종말'로만 이야기가 끝이 난다면 우리 사회는 큰 혼란에 빠지게 될 것입니다. 노동이 없고 소득도 없으면 일상생활 자체를 영위할 수 없기 때문입니다. 하지만 다행히도 리프킨은 일하지 않아도 먹고살 수 있는 세상이 올 것이라고 전망합니다. 그게 바로 기본소득[9]에 대한 논의입니다. 이미 몇몇 나라에선 기본소득을 실험하고 있습니다. 2016년 스위스에선 기본소득 도입을 위한 국민투표가 있었습니다. 매달 정부가 국민에게 300만 원씩 지급하는 것이 이 기본소득 제도의 핵심이었습니다. 물론 국민투표에서 다수(76.9%)의 반대로 기본소득의 도입이 무산됐지만 머지않은 미래에 실현될 가능성이 높습니다.

기본소득의 재원으로 논의되고 있는 대표적인 세금이 로봇세입니다. 세계 최대의 부호 중 한 명인 빌 게이츠(Bill Gates)는 2017년 2월 언론과의 인터뷰에서 "공장에서 일하는 노동자에게는 소득세와 사회보장세처럼 각종 소득이 부과되고 있다"며 "이들과 같은 일을 하는 로봇에게도 비슷한 수준의 과세를 해야 한다"고 밝혔습니다. 노동자의 일자리를 대신 차지한 로봇에게 그 만큼의 세금을 물려야 한다는 것이 빌 게이츠의 생각입니다.

페이스북 창업자인 마크 저커버그(Mark Zuckerberg)도 로봇세의 도입을 주장을 하고 있습니다. 저커버그는 게이츠의 의견에서 한 발 더 나아가 로봇과 AI에 세금을 부과하면 AI로 일자리를 잃은 사람들을 위해 기본소득을 줄 수 있다고 말합니다. 로봇과 AI의 자동화를 통해 얻는 결실을 소수 집단이 독점하지 않고 온 사회가 함께 나누어야 한다는 것이 저커버그의 생각입니다.

유럽 의회에서도 이미 2016년부터 로봇세 도입을 위한 논의가 시작되었습니다. 비록 의회에서는 로봇세 도입이 아직 이르다는 결론을 내렸지만 2017년 로봇에게 '특수한 권리와 의무를 지닌 전자인간'이라는 법적인 지위를 부여했습니다. 로봇에게 인격권을 주면서 언젠가 세금을 매길 수 있도록 근거를 마련해둔 것입니다. 과세를 하기 위해서는 일반 사람과 같은 '시민격', 기업과 같은 '법인격'이 있어야 하기 때문입니다.

정말 로봇세가 도입되고 기본소득이 실시된다면 즐거운 일이 아닐까요? 매일 아침 출근길에 시달리지 않아도 되고, 일요일 오후면 어김없이 찾아오는 월요병에서도 벗어날 수 있을 테니 말입니다. 먹고살기 위해 억지로 일을 하지 않아도 된다면 인간은 더욱 자유로워질 것입니다. 그동안 비용이나 시간의 문제로 하고 싶어도 할 수 없었던 것들을 맘껏 누리며 살 수 있을 겁니다.

그런데 사람이 일하지 않는다면, 항상 행복하지만은 않을 것 같습니다. 왜냐하면 인간은 살아가는 의미의 많은 부분을 '일'에서 찾아왔기 때문입니다. 특히 지금까지 우리에게 일은 곧 직업을 의

---

9) 이 책에서 말하는 기본소득은 한국의 정치권에서 논의되는 기본소득과는 성격이 다르다. 한국의 기본소득 논의는 세수 확대 없이 기존의 세원을 그대로 둔 채 국가 부담을 키우는 방식이 주류다. 그러나 미래인문학적 관점에서 이야기하는 기본소득은 로봇세 등을 걷거나 정부의 R&D 투자 로얄티 등을 수입원으로 해 재원을 확충한다. 알래스카에서 유전이 개발돼 주민들에게 오일 체크를 주는 것과 비슷하다.

미했습니다. 하지만 이런 직업을 갖지 않고 평생 놀고먹으며 살아야 한다면, 우린 그 많은 시간을 무엇을 하면서 보내야 할까요? 물론 시간이 없어 하지 못했던 취미생활을 하고, 배우고 싶었던 것들을 익히며 알차게 하루하루를 보낼 수도 있을 겁니다. 그러나 그런 시간이 일 년, 십 년이 된다면 무기력에 빠지게 되지 않을까요? 이는 곧 사회 병리적인 문제로도 발전해 많은 갈등과 혼란을 가져올 수도 있습니다.

이런 상황을 미연에 방지하기 위해서 정부가 새로운 직업을 만들어낼 가능성도 있습니다. 말하자면 '가짜 직업(fake job)'인 셈입니다. 가짜 직업이란 기본소득을 지급하되 무조건 주는 것이 아니라 정부가 만든 가짜 직업, 다시 말해 꼭 해야 할 필요가 없는 작업을 하게 하고 대가를 받는 방식을 말합니다. 이 경우 가짜 직업의 상당수는 공공근로와 같은 형태가 될 가능성이 큽니다.

한국에서도 이와 비슷한 정책이 시행된 적이 있습니다. 2008년 금융위기 직후에 정부는 '희망근로사업'을 시작했습니다. 나이든 어르신들에게 '소일거리'를 제공하고 일정 소득을 보장해주는 사업이었습니다. 당시 공공근로 업무들을 보면 하천 부근이나 공원에서 잡초를 뽑거나 꽃을 심는 등 말 그대로 '소일거리'였습니다. 미래의 '가짜 직업'은 이보다 더욱 다양해지겠지만 그 원리는 비슷할 것입니다.

공공근로뿐 아니라 AI로 대체될 다수의 직업들 역시 '가짜 직업'이 될 가능성이 있습니다. 예를 들어 운전기사를 사례로 들어볼까요? 자동차업계에서는 '미래에는 사람이 운전하면 처벌을 받게 될 것이다'라는 농담이 유행합니다. 자율주행차가 도입되면 인간 운전자는 도태될 거란 이야기입니다. 실제로도 그럴 가능성이 큽니다. 자율주행차 도입으로 갓길 운전이나 갑작스러운 끼어들기처럼 안전운전을 방해하는 요소들이 없어지면서 도로는 더욱 안전해지고 교통의 흐름은 더욱 원활해질 것입니다. 굳이 인간이 운전할 이유가 없어질 것입니다.

산업에서도 마찬가지입니다. 과거에는 자동차 한 대를 만들기 위해 100명의 사람이 일을 해야 했다면 지금은 10명이, 미래에는 단 1명이면 충분하게 될 것입니다. 효율성을 생각하면 인간이 일을 하지 않는 게 맞지만, 인간에게 일자리를 주기 위해 굳이 하지 않아도 될 일을 시키게 되는 것입니다. 산업 분야에서 생겨날 수 있는 대표적인 '가짜 직업'의 사례들입니다.

물론 지금의 상상만으로 미래에 어떤 형태의 '가짜 직업'이 생겨날지 알 수 없습니다. 다만 확실한 것은 언젠가 인간은 AI에게 많은 일자리를 넘겨주게 될 것이고, 그때에는 단순히 먹고살기 위해 일하지는 않아도 될 것입니다. 그런 시대에 인간은 과연 무엇을 하면서 살아야 할까요? 무엇보다 AI와 차별화될 수 있는 인간의 본질, 삶의 행복과 목표에 대한 깊은 고민이 필요할 것입니다. 만약 이런 고민과 성찰의 시간이 충분하지 않다면 인간 사회는 큰 혼란과 갈등을 겪게 될 것입니다. 조금 과장해서 말한다면 디스토피아를 그린 SF영화나 소설처럼 인간의 문명 자체가 파괴될 수도 있을 겁니다.

실제 과거 로마에서 비슷한 사례가 있습니다. 로마에는 원로원이란 게 있었죠. 라틴어로는 세나투스(senatus), 영어로는 세너트(senate, 상원)로 불리는데, 'senatus'의 어원은 백발 노인이라는 의미의 '세넥스(senex)'입니다. 즉, 원로원은 노인들이 모인 곳이란 이야기입니다.

로마 시대 원로원은 국가의 중대사에 자문을 하거나 결정을 내리는 역할을 했습니다. 하지만 이들이 단순히 나이가 많기 때문에 원로가 된 것은 아니었습니다. 원로원의 원로는 막대한 부와 권력을 독점한 사람들이었습니다. 'senex'는 원래 노인을 뜻하는 말이었지만 나중엔 돈이 많은 노인을 뜻하는 말이 되었는데, 거기에는 배경이 있습니다.

2000년 전 로마 시민의 다수는 군인이었습니다. 이들은 로마의 정복전쟁에 참여해 세계를 누볐습니다. 당시 로마는 다른 나라들과 마찬가지로 농업이 주된 산업이었기 때문에 봄과 가을을 피해 전쟁을 벌여야 했습니다. 그런데 정복전쟁이 확대되면서 몇 달 만에 복귀하는 것이 불가능해졌습니다. 브리튼(영국)과 아프리카, 중동까지 가서 전쟁을 하다 보면 몇 년이 걸리는 경우도 많았습니다.

그렇다 보니 처음엔 농사일을 병행하던 군인들이 나중엔 직업군인으로 바뀌게 됩니다. 그리고 몇 년씩 고향을 떠나 있는 남편들을 대신해 여성들이 가정을 책임져야 했습니다. 그렇다 보니 점점 농사지을 땅이 필요 없게 되고, 여성들은 땅을 팔아 생계를 유지했습니다. 전쟁에서 돌아오지 못하는 남자들이 많아지고 생사를 알 수 없는 경우도 생기면서 위기에 처하는 가정들도 많아졌습니다. 심각한 경우엔 노예로 팔려가기도 했습니다. 이때 땅을 사들여 거대한 부를 이룬 이들이 바로 세넥스입니다. 전쟁에 참여하지 않는 노인 남성들에게 사회의 온갖 재화가 집중된 것입니다.

돈이 돈을 버는 시스템은 과거에도 마찬가지였습니다. 당시 로마는 식민지로부터 풍성한 재화와 수많은 노예의 노동력이 유입되었습니다. 대부분의 로마 시민들은 굳이 일을 하지 않아도 생계를 유지하는 데 아무 문제가 없었습니다. 정확히 말하면 일을 하고 싶어도 일자리가 없었습니다. 부와 토지는 세넥스에게 집중되어 있었고 사람이 할 수 있는 육체노동은 모두 노예가 대신하고 있었으니까요. 로마 시민의 상당수가 실업자 상태였습니다.

사회가 혼란에 빠질 것을 걱정한 로마의 집권 세력들은 시민들에게 먹을 것을 나눠주기 시작했습니다. 일하지 않고도 먹고살 수 있게 해준 것입니다. 아마도 최초의 복지정책[10]이었을 것입니다. 양극화가 심해지는 상황 속에서 시민들이 행여 폭동이라도 일으키지는 않을까 우려해 각종 유흥거리를 제공해 사람들의 관심을 돌렸습니다. 이런 이유에서 시작된 것 중의 하나가 검투사 경기입니다. 콜로세움에서는 매일 같이 사람이 죽어 나가는 잔인한 혈투가

---

10) '빵과 서커스의 정책'이라고 부른다. 복지정책의 측면도 있지만 궁극적으로는 시민들을 우민화시켜 집권층의 권력을 강화하는 용도로 쓰였다.

벌어졌습니다. 아울러 목욕 문화도 발달했습니다. 지금도 이탈리아 곳곳에는 이런 문화 유적들이 많이 남아 있습니다. 이처럼 로마 시민들이 일상의 대부분을 향락과 사치에 몰두하면서 찬란했던 로마의 역사는 내리막길을 걷기 시작했습니다.

우리 앞에 펼쳐질 미래사회도 크게 다르지 않습니다. 훗날 우리는 로마의 시민들이 그랬던 것처럼 일을 하지 않아도 먹고살 수 있게 될 것입니다. 지금보다 훨씬 더 많은 물질적 풍요를 누릴 수도 있을 겁니다. 그리고 세넥스가 그랬듯 미래의 부와 권력은 지금보다 훨씬 적은 소수에게 집중될 가능성이 큽니다. 이런 미래에 우리는 정말 무엇을 하고 살아야 할까요?

만일 정말 하고 싶은 일이 생긴다 해도, 우리는 AI와 경쟁해야 할수도 있습니다. 그런 사회를 대비해 무엇을 준비해야 할까요? AI가 할 수 없는 일들, 더욱 인간의 본질에 가까운 것들을 고민해야 하지 않을까요. 20 대 80의 미래사회에서도 의미 있는 일을 하고 싶다면 인간만이 할 수 있는 고유의 일을 찾아야 합니다. 기계가 인간처럼 되는 것만을 걱정하고 있을 게 아니라 인간이 기계처럼 되지 않도록 지금부터 고민하고 성찰해야 합니다.

이제는 휴마인이다

미래에 대한 전망을 가장 암울하게 만드는 것은 바로 일자리 문제입니다. 앞서 살펴보았듯이 수많은 직업이 '증발'하고 소수의 사람만이 의미 있는 직업을 갖게 되는 새로운 불평등 사회가 눈앞에 놓여 있기 때문입니다. 하지만 비관적인 전망만 있는 것은 아닙니다. '안내양'이란 직(職, job)은 교통카드 리더기로 대체되었을지 모르지만 그 대신 대리운전, 카풀링과 같은 새로운 업(業, work)이 생겨났듯 미래에는 기존에 없던 무언가가 나타날 것입니다.

이는 과거에도 마찬가지였습니다. 1800년대 미국에선 절대 다수의 국민이 농업인이었죠. 하지만 현재 미국의 농업인은 단 2%에 불과합니다. 농업과 관련한 직업은 대부분 기계로 대체되었습니다. 대신 20%의 사람들이 산업에, 나머지 78%는 서비스업에 종사하고 있습니다. 과거의 직업은 사라졌지만 인간의 노동은 더욱 다양해지고 확대되었습니다.

물론 이전에도 새로운 기술이 나오면 이에 대한 두려움이 많았습니다. 미래의 일은 아무도 알 수 없기 때문입니다. 그러나 충분히 준비하고 대안을 마련한다면 우리가 원하는 방향으로 미래를 이끌어갈 수도 있습니다. 직업 증발은 우리 앞에 예정된 미래지만, 앞으로 생겨날 수많은 일자리는 우리의 노력과 상상에 달려 있습니다. 사라져갈 직업을 붙잡고 발만 동동 구르고 있을 것이 아니라, 인간만의 뛰어난 상상력으로 새로운 미래를 만드는 것이 지금 우리가 할 일입니다. 그런 의미에서 이민화 카이스트 교수(벤처기업협회 명예회장)[10]의 말은 주목할 만합니다. "지금까지 기술 혁신은 일자리를 축소시킨 게 아닙니다. 혁신은 생산성을 높이고 인간의 노동시간을 줄이면서 삶의 질을 끌어올렸습니다. 산업혁명 당시 주당 80시간이던 노동시간은 지금 40시간 이하로 줄었죠. 대신 생산성은 높아지면서 잉여 가치가 생기고 인간의 욕구를 자극하는 새로운 일자리가 등장했습니다."

기술 혁신이 기존의 직업을 쇠퇴시키게 되리라는 것은 누구나 예측할 수 있는 사실입니다. 그러나 인간이 추구하는 새로운 가치와 욕구를 실현하기 위해 또 다른 일자리도 생겨날 것입니다. 얼마나 많은

---

10) 이민화 교수는 '벤처'라는 단어가 생소했던 1985년에 초음파 진단기 개발업체인 메디슨을 창업해 주목받았다. 1995년 벤처기업협회를 설립하고 초대 회장을 맡았으며, 1996년 코스닥 설립을 주도했다. 벤처기업계의 대부로 알려지는 그는 2019년 8월 별세했다.

직업들이 생겨날지는 인간의 창의성과 상상력에 달려 있습니다.

영화 〈허(Her)〉를 보면 재미있는 직업이 나옵니다. 주인공 시어도어는 '아름다운 손편지닷컴'이라는 회사에서 근무합니다. 그의 직업은 다른 사람을 대신해 손편지를 써주는 것입니다. 고객들이 자신의 사연과 이를 뒷받침할 자료들을 보내오면 시어도어는 그 자료를 바탕으로 그럴듯한 스토리를 만들어냅니다. 물론 실제로 손글씨를 쓰는 건 아닙니다. 시어도어가 쓴 글은 손편지로 인쇄되어 고객이 지정한 사람에게 배달되죠. 인간의 감성과 고유의 경험이 짙게 배어 있는 손편지조차 서비스의 대상이 되는 것입니다.

2016년 마이크로소프트 사는 앞으로 나타날 직업들을 전망하며 〈미래 일자리(Tomorrow's Jobs)〉라는 보고서를 발표했습니다. 보고서는 10년 후 현재 청소년들의 절반 이상이 지금은 존재하지 않는 일자리를 갖게 될 거라고 예상을 내놓습니다. 또한 이 보고서에는 지금은 생각조차 하기 힘든 새로운 직업들이 등장합니다. 대표적인 사례로 들고 있는 10개의 직업 중에는 기상천외한 것들이 많습니다.

그중 하나가 '개인 콘텐츠 큐레이터'라는 직업입니다. 이는 AI와 뇌과학 기술의 발전에 따라 새롭게 생겨날 일자리입니다. 과학자들은 2030년이면 사람의 생각과 꿈을 포착하는 기술이 상용화되리라고 전망합니다. 이 기술을 활용하면 사람의 뇌를 들여다보는 것이 가능해집니다. 개인 콘텐츠 크리에이터란 사람의 뇌에 담긴 기억과 경험, 생각 등을 콘텐츠로 정리해내는 사람을 말합니다. 미술관의 큐레이터가 마치 예술 작품을 기획하고 전시하는 것과 같은 원리입니다.

허무맹랑한 이야기처럼 들릴지 모르지만, 이런 기술은 이미 현실에서 실현되어가고 있습니다. 일본 교토대의 가미타니 유키야스 연구팀은 2017년 12월 '딥 이미지 리컨스트럭션(deepimage reconstruction)' 이라는 기술을 개발하는 데 성공했습니다. 사람이 눈으로 본 장면을 AI가 모니터로 표현해주는 것입니다. 다시 말해 인간의 뇌 활동을 읽어 그 장면을 시각적화면으로 표현해내는 것입니다. 기술의 발전으로 AI가 인간이 본 것을 100% 시각적으로 표현할 수 있게 된다면 우리는 몸에 카메라를 달지 않아도 눈으로 보는 것을 그대로 디스플레이에 표현할 수 있게 됩니다.

가상현실과 관련한 일자리도 계속 늘어날 것입니다. 대표적인 것이 가상현실 디자이너입니다. 이들은 게임과 같은 사이버 공간을 설계하고, 게임 속의 건축물, 실내 공간의 인테리어 등 가상공간을 만들어내는 일을 합니다. 자신이 상상하는 대로 바로크 양식으로 건축물을 올릴 수도 있고, 로마노프 양식으로 실내 디자인을 할 수도 있습니다. 미래에는 지금보다 훨씬 많은 사람들이 가상공간을 이용하게 될 것이고 그렇다면 어쩌면 진짜 건축가보다 가상현실 디자이너가 더욱 유망한 직업이 될 수도 있습니다.

인공지능의 발달에 따른 새로운 직업의 출현도 예상됩니다. '기계윤리 대변자'가 대표적인 예입니다. 이는 AI와 사람의 가교 역할을 하는 일자리입니다. AI가 사람의 역량을 대부분 대신하게 된다하더라도 윤리와 도덕 등 가치 판단과 관련된 결정은 스스로 내릴 수 없습니다. 인간이 결정을 내려주거나 미리 학습하도록 해야 합니다. 기계윤리 대변자는 로봇이 해야 할 일과 하지 말아야 할 일을 결정하고 조언해주는 사람입니다. 일종의 AI를 위한 윤리교사라고 할 수 있습니다.

이처럼 미래에는 지금보다 훨씬 더 다양하고 복잡한 일자리들이 나타날 것으로 전망됩니다. 이런 일자리들이 생겨나는 이유는 간단합니다. 앞서 이야기했듯이 인간의 욕구가 새롭게 창출되기 때문입니다. 이민화 교수의 지적처럼 기술혁신으로 생산력이 증대하면 잉여가치가 늘고, 삶의 여유가 커진 만큼 욕구도 새롭게 나타납니다. 그 욕구를 채울 수 있는 일들이 시장의 원리에 따라 만들어지는 것입니다.

물론 이런 일들이 저절로 생겨나는 건 아닙니다. 창의성이 밑바탕이 되어야 합니다. AI가 인간의 일자리를 상당수 대체하게 되리라는 것은 분명한 사실이지만, 인간은 상상을 통해 새로운 직업들을 만들어내야 합니다. 특히 서비스업 분야에서는 그 가능성이 무궁무진합니다. 예를 들어 매월 한 차례씩 재밌는 취미를 개발해 이용자들에게 보내주는 '취미배달 서비스'처럼 기발한 상상이 새로운 업이 될 수도 있습니다.

미래학자 제레미 리프킨은 더욱 대담한 통찰을 보입니다. 100년 후 미래까지 내다볼 수는 없어도 앞으로 몇 십 년 동안은 '대고용(Great Employment)'의 시대가 열릴 것이라고 그는 예측합니다.

그는 "향후 40년 동안 기업과 공장, 가정을 모두 스마트 인프라로 바꾸는 작업과 함께 여기서 파생되는 생활의 변화로 상상치 못했던 새로운 일자리들이 출현할 것"이라고 말합니다.

그의 주장처럼 우리의 삶과 사회 전반이 스마트 인프라를 갖추게 되는 건 마치 과거의 사람들이 도로를 포장하고 상하수도를 건설하며 전선망을 구축했던 것과 비슷한 일입니다. 지금부터는 그보다 더욱 큰 변화가 일어날 것이고 그에 따라 대고용의 시대가 도래하리라는 것이 리프킨의 생각입니다. 또 스마트 인프라가 갖춰지면 바뀐 하드웨어에 걸맞게 개개인의 일상도 스마트한 삶으로 변하면서 기존에 없던 서비스(소프트웨어)가 나올 것입니다.

이미 우리 가정에는 TV와 컴퓨터, 냉장고와 세탁기 등 집안의 모든 제품이 하나로 연결되어 인간의 삶에 최적화된 스마트 라이프가 펼쳐지고 있습니다. 구글의 어시스턴트나 아마존의 일렉사, 삼성의 빅스비 같은 AI 비서는 모든 전자제품에 필수 요소가 됐습니다. 차량의 기능 중에서도 엔진의 마력과 연비 등 차량 자체의 성능보다 음성 인식 기술을 통한 편의 기능이 더 큰 주목을 받고 있습니다.

삼성은 아예 '삼성시티'라는 개념을 선보였습니다. 이는 도시 전체를 하나로 연결하는 프로젝트인데, 여기에는 AI와 IoT, 5G 등 최첨단 기술이 동원되었을 뿐만 아니라 4차 산업혁명의 핵심인 '초연결성'이 구현되어 있습니다. 집과 직장, 공공장소와 이동 공간(자율주행차) 등 도시 전체가 AI로 연결되는 것입니다. 이처럼 미래기술은 일상생활에서부터 교통 인프라, 도시 관리, 에너지 분야 등에서 스마트 시티가 어떻게 구현될지 전망할 수 있게 해줍니다.

리프킨이 말했던 스마트 인프라는 이미 시작되고 있습니다. 전 세계를 이렇게 바꾸려면 엄청난 투자가 필요하고, 이를 모두 실현하기 위해선 '대고용'이 펼쳐질 수밖에 없을 것입니다. 지금도 이미 AI와 IoT 분야에서는 엔지니어 수요가 넘치고 있지만 공급이 따라주지 못해 인력난을 겪고 있습니다. 과거 서부개척시대 미국이 대륙횡단 철도를 건설하며 산업현장으로 수많은 노동자를 이끌었듯, 스마트 라이프, 스마트 시티, 스마트 소사이어티를 구현하는 과정에서 많은 인력이 투입될 것입니다.

하지만 이 모든 것들은 저절로 주어지는 게 아닙니다. 우리가 미래를 어떻게 설계하느냐에 따라 달라질 것입니다. 결국은 인간의 상상력과 창의성이 미래를 좌우하게 될 것입니다. 지금까지는 기존에 있는 직업과 산업 분야에서 열심히 경쟁해 1등을 차지하면 됐습니다. 하지만 앞으로는 이전에 없던 일자리와 새로운 비즈니스를 만들어내야만 성공할 수 있습니다. 그것을 만들어내는 것은 바로 인간의 상상력과 창조력입니다.

미래 산업의 핵심 자원은 19세기와 같은 금광이나 20세기의 석유가 아닙니다. 사람이 곧 절대적인 자원이 될 것입니다. 앞으로 나라의 국력을 따지는 주요 지표인 GDP의 개념도 변할 것입니다. 1년 동안의 총생산량이 아니라, 생산을 할 수 있는 자산, 특히 인적 자산이 얼마나 많은지가 그 나라의 국력이 될 것입니다. 즉, 사람 자체가 금광인 '휴마인(Humine=Human+Mine)'의 시대가 도래

할 것입니다.

과연 휴마인의 시대엔 어떤 능력이 필요할까요? 또 우리는 이런 능력을 기르기 위해 무슨 준비를 해야 할까요? 한 가지는 확실합니다. 지금과 같은 교육 방식으론 미래를 준비할 수 없다는 것입니다. 2, 3차 산업에 필요한 노동자를 키우는 현재와 같은 학교 모델로는 밝은 미래를 예측할 수 없습니다. 그렇다면 우리는 무슨 역량을 키워야 하고, 학교와 교육은 어떻게 변해야 할까요? 이에 대한 자세한 이야기는 뒷부분에서 좀 더 자세하게 살펴보겠습니다.

AI로 위협받는 전문직

∴

꿈이 무엇인지 이야기할 때 우리는 종종 직업을 말하곤 합니다. 직업은 보편적인 인간 삶의 목표입니다. 자신이 원하는 직업을 얻기 위해 초, 중, 고등학교를 다니고, 그 힘든 대학입시의 관문을 지나 취업 공부에 올인하며 자아를 실현해갑니다. 지금까지 꿈을 실현하는 방법은 간단했습니다. 아니 어른들은 너무 쉽게 그 방법을 이야기하곤 했습니다.

건축가를 꿈꾸든, 회계사가 되기를 바라든 선생님이나 부모님 모두 답변은 늘 한 가지였습니다. "공부 열심히 해" 또는 "좋은 대학에 가" 이 한 마디면 모든 것이 해결되었습니다. 그리고 무엇이 되고 싶든 간에 국어와 수학, 영어에 인생의 대부분을 투자해야 했습니다.

그런 몇몇 특정 과목의 지식을 머리에 넣는 것이 정말 내가 원하는 직업을 수행하는 데에 도움이 되는 걸까요? 막상 해당 직업을 가지고 업무를 하다 보면 학창시절 그토록 많은 공부를 왜 해야 했는지 의문이 듭니다.

더욱 중요한 것은 지금까지는 그럭저럭 과거의 방식대로 공부하고 시험을 봐서 자신이 원하는 직업을 얻을 수 있었지만, 앞으로도 이런 방법이 통할까요? 아마도 우리는 정답을 알고 있을지도 모릅니다. 지금의 교육 방식으로, 지금의 학교 시스템으론 불가능하다는 걸 말이죠. 또한 지금껏 우리가 일해온 방법으로는 더 이상 해당 직업을 수행하기도 어려워질 것입니다.

앞서 우리는 기술혁명의 과정에서 어떻게 많은 직업들이 사라지게 될지 그리고 어떤 새로운 직업이 나타나게 될지 살펴보았습니다. 그렇다면 미래에도 없어지지 않고 남아 있을 직업의 모습은 어떤 것일까요? 아마도 지금과는 매우 다른 모습을 띠게 될 것입니다. 해당 직업에서 요구하는 역량과 그들 직업에 대해 요구하는 역할도 달라질 겁니다.

이미 몇몇 직업 분야에서는 AI가 투입되면서 사람의 역할을 새롭게 정의하고 있습니다. 대표적인 분야가 의료 서비스입니다. 지금까지 의사에게 필요했던 가장 큰 능력은 환자가 아픈 원인을 정확하게 진단해서 그에 맞는 적절한 처방을 내리는 것이었습니다. 외과의사라면 뛰어난 집도 능력도 중요한 지표였습니다. 환자에 대한 진단과 처방을 잘하기 위해서는 풍부한 의학적 지식과 임상 경험이 있어야 하고, 수술을 잘하기 위해서는 고도의 집중력과 정확한 손기술이 필요했습니다.

그런데 이런 능력에서 인간은 AI 의사인 왓슨을 결코 따라갈 수 없습니다. 국내에서도 가천대 길병원에는 이미 왓슨이 도입되어 있습니다. 왓슨은 수십만 명의 환자 데이터와 1,500만 페이지에 달하는 의학 자료를 가지고 있습니다. 인간으로서는 도저히 따라갈 수 없는 방대한 양의 자료입니다. 여러 명의 전문의가 수십 분 동안 토론을 해야 내릴 수 있는 결론을 왓슨은 단 8초 안에 진단과 처방까지 완벽하게 내릴 수 있습니다.

수술에 있어서도 사람 의사가 수술용 로봇인 다빈치를 따라갈 수 없습니다. 결국 지금까지 의사에게 가장 필요한 능력이라고 여겨졌던 것들을 이젠 AI와 로봇이 훨씬 더 잘할 수 있는 시대가 온 것입니다. 그렇다면 이제 인간 의사는 무엇을 해야 할까요?

왓슨과 함께 일해온 김영보 가천대 길병원 신경외과·뇌과학연구소 교수는 이렇게 말합니다. "왓슨 도입 이후 의사의 역할이 달라졌죠. 과거에는 의사가 모든 정보를 가진 상태서 일방적으로 환자에게 치료법과 치료약을 통보했습니다. 이때 의사는 얼마나 많은 의학 정보를 알고 있느냐가 절대적으로 중요했습니다. 하지만 이젠 왓슨의 분석 결과를 보며 환자와 소통하는 것이 의사의 주된 업무입니다."

방대한 의료 정보를 수집하고 분석해서 질병에 대한 진단을 내리는 것은 AI의 역할이지만, 환자의 감정과 상황을 이해하고 심리적 안정을 취하도록 돕는 것은 사람의 몫입니다. 즉, 단지 생물학적으로 환자의 질병을 치료하는 것은 이제 AI의 몫이란 것입니다. 대신 사람 의사는 환자의 정서적인 회복을 돕는 데 집중해야 합니다. 따라서 앞으로 의사가 되려는 사람이 갖추어야 할 능력은 따뜻한 감성과 공감 능력이 될 것입니다.

법조인도 마찬가집니다. 30년 넘게 법관을 지낸 강민구 전 법원 도서관장은 변호사의 업무를 예로 들며 다음과 같이 이야기합니다. "지금까지 가장 유능한 변호사는 법조문과 해당 판례를 제일 많이 알고 있는 사람이었습니다. 머리에 저장된 정보가 많아야 언제든 끄집어낼 수 있었기 때문이죠. 그런데 미래 변호사의 역할은 전혀 다릅니다."

그가 이런 이야기를 하는 이유는 바로 AI 변호사 로스 때문입니다. 현재 로스는 초당 1억 장의 법률 문서를 검토해 개별 사건에 가장 적절한 판례를 찾아내 추천해줍니다. 2016년 미국 뉴욕의 유명 로펌 '베이커드앤드호스테들러'에 처음으로 로스가 도입되었고, 미국 이외의 많은 나라에서 대형 로펌을 중심으로 앞다투어 로스를 도입하고 있습니다. 이론적으로 로스는 거의 무한대에 가까운 판결을 저장할 수 있습니다. 법조문도 인간 변호사보다 훨씬 잘 꿰뚫고 있습니다.

지금까지 유능한 법조인을 판단하는 기준은 얼마나 법조문을 잘 이해하고, 다양한 판례에 대한 지식을 갖고 있느냐 하는 것이었습니다. 하지만 이제 이런 능력은 인간이 AI를 이길 수 없죠. AI의 능력에 발끝만큼도 따라갈 수 없을 것입니다. 결국 미래의 유능한 변호사는 AI의 도움을 얻어 다양한 판례를 융합해 새로운 논리를 찾아내고 적절한 언어로 풀어내는 소통 능력을 갖춘 사람이 될 것입니다. 미래에는 인문·과학·경영 등 비법학 분야의 융합과 통섭 능력을 갖춘 사람이 훌륭한 법조인이 될 것입니다.

다양한 소송 경험을 가진 베테랑 변호사들도 이런 의견에 공감합니다. 날이 갈수록 법조계에서도 새로운 능력과 역량이 주목받고 있습니다. 서민정 변호사 또한 이런 의견에 동의하며 다음과 같이 이야기합니다. "얼마나 법전을 줄줄 꿰고 있느냐 하는 건 갈수록 덜 중요해지고 있습니다. 앞으로는 AI를 잘 사용할 줄 아는 유연한 사고력과 실제 재판에서 설득력 있는 언어로 재판부와 배심원을 자신의 편으로 끌어들일 수 있는 커뮤니케이션 능력이 점점 더 중요해질 것 같아요."

아마도 미래의 변호사는 일종의 컨설턴트가 될 확률이 큽니다. 소송과 같은 법률 분쟁 이전에 상대방 간의 화해를 중재하고, 법률적 문제로 고민하는 이들에게 심리 상담하는 역할을 하는 것입니다. 이런 업무를 잘하려면 앞서 의사의 경우와 마찬가지로 공감 능력이 중요합니다. 의뢰인의 상황과 감정을 복합적으로 이해하고 감싸줄 수 있는 심리적이 능력이 필요한 것입니다.

의사, 변호사와 함께 전문직으로 꼽히는 회계사는 어떨까요? 유진석 회계사는 "미래 회계전문가는 윤리와 도덕성이 능력"이라고 말합니다. 회계사는 말 그대로 기업의 회계장부를 검토하는 직업입니다. 그런데 윤리적 능력이 필요하다는 건 무슨 뜻일까요?

"회계 업무는 지금도 이미 컴퓨터가 상당 부분을 대체하고 있습니다. 장부를 쓰는 것은 더이상 인간이 할 일이 아니라는 의미입니다. 앞으로 회계사가 해야 할 가장 중요한 업무는 회계 부정과 같은 감사 업무를 통해 기업의 투명성을 높이는 일이 될 것입니다. 미래에는 경영의 관점에서 투명성을 높이는 것이 곧 투자라는 인식이 높아질 것입니다. 이를 위해서 회계사는 회계 지식뿐 아니라 올바른 가치 판단 능력과 윤리 의식을 가져야 합니다."

국내 최초의 여성 치안감인 이금형 전 부산지방경찰청장은 관공서든 기업이든 미래 조직사회에서 가장 필요한 역량으로 정서적 능력으로 꼽습니다. "미래에는 경찰 업무의 상당 부분도 로봇으로 대체되거나 기계의 도움을 받게 될 것입니다. 물리적인 힘을 써서 범인을 검거하는 것과 같은 일은 먼 미래에는 모두 로봇이 담당하게 될 수도 있습니다. 그러나 약자를 보살피고 이들을 지켜주는 역할은 여전히 사람의 몫입니다. 그럴 때 필요한 것은 정서적 능력입니다. 기계가 예측하고 대응하기 어려운 공감과 협상, 설득과 갈등 해결 같은 커뮤니케이션 능력이 더욱 중요시될 것입니다."

실제로 글로벌 컨설팅 기관인 매킨지 그룹의 매킨지글로벌연구소(MGI)는 "2030년까지 최대 8억 명의 노동자가 로봇으로 대체될 것"이라고 전망했습니다. 그러면서 로봇으로 대체되기 어려운 직종으로 "업무를 획일화하기 어렵고 인간 사이의 깊은 공감과 소통이 필요한 직업들은 사라지지 않을 것"이라고 예측했습니다.

이처럼 미래엔 직업의 형태가 오늘날과는 매우 다른 모습을 띠게 될 것입니다. 그리고 그 직업에서 필요로 하는 역량 역시 현재와 판이해질 것이고요. 미래의 직업인에게 정확히 어떤 능력이 필요할지 100% 맞추는 건 불가능한 일지만 두 가지는 확실합니다. 첫째는 AI가 할 수 없는 능력을 갖추라는 것입니다. 둘째는 AI를 잘 활용할 수 있는 능력을 키우는 일입니다. 그것이 우리가 노동의 미래를 준비하는 데 있어서 가장 먼저 해야 할 일입니다.

학생은 21세기, 학교는 19세기

앨빈 토플러(Alvin Toffler)는 《부의 미래》라는 자신의 저서에서 현대의 학교 체제를 산업화 시대의 노동력을 양성하는 곳으로 묘사했습니다. 그는 단일화, 표준화, 대량화라는 산업사회의 가치를 실현하기 위해 최적화되어 있는 것이 바로 현재의 학교 체제라고 말합니다. 쉽게 말해 기업이 필요로 하는 훈련된 노동력을 공급하는 것이 학교의 최대 목표 중 하나였다는 것입니다.

이를 이해하기 위해선 현대의 학교 체제가 처음 생겨난 19세기의 상황을 먼저 살펴볼 필요가 있습니다. 근대국가가 형성되고 19세기 이후에 산업화가 급속하게 진행되면서 선진국들은 전 국민을 대상으로 한 의무교육을 앞다투어 도입했습니다. 토플러의 말처럼 산업혁명이 가져온 새로운 사회구조에 필요한 노동력을 양성해야 했기 때문입니다. 아울러 국가라는 공동체의 이념을 전파하고 그들을 하나로 묶을 수 있는 제도가 필요했는데, 그것이 바로 공교육이었습니다.

지금과 같은 국가의 개념과 시스템이 자리 잡은 것은 18세기 전후의 일입니다. 독립적인 영토와 군사력, 여러 경제적 자원을 가진 독립국가라는 개념이 확산되었습니다. 각 나라들은 이런 국가 이념에 걸맞은 민족 중심의 폐쇄적인 공동체 모델을 지향했습니다. 이 과정에서 국가에 충성할 수 있는 국민을 기르는 데 집중합니다. 국가의 이데올로기와 민족적 정체성을 학교라는 공교육, 보통교육, 대중교육, 의무교육을 통해 국민에게 주입한 것입니다.

그리고 우리는 여전히 이런 19세기 학교 모델을 그대로 사용하고 있습니다. 세계적인 미래학자 제레미 리프킨(Jeremy Rifkin)은 "우리의 모든 교육 방식은 1차 산업혁명이 있었던 19세기의 방식과 똑같다"고 진단합니다. 국가에 충성할 수 있는 국민, 산업 사회에 바로 투입할 수 있는 노동자를 기르는 데 최적화된 학교 체제를 21세기인 지금까지도 고수하고 있는 건 큰 문제가 아닐 수 없습니다.

그렇다면 앞으로 필요한 학교의 모습은 어떤 것일까요? 19세기 방식의 학교 시스템이 도입되기 전까지는 교육의 중심은 전인교육이었습니다. 18세기까지의 교육은 그 대상부터 19세기의 교육과 달랐습니다. 과거의 교육은 귀족과 부르주아 등 사회지도층의 전유물이었습니다. 생산활동을 할 필요가 없는 소수의 지배계층만 교육의 혜택을 누릴 수 있었습니다. 먹고살기 위한 노동을 할 필요가 없었기에 인문과 교양, 올바른 매너와 품성을 기르는 것이 교육의 핵심이었습니다.

하지만 산업화를 거치며 노동자를 양성하는 데 필요한 대중교육이 시작되었습니다. 이전에는 소수를 위한 교육을 하다 보니 일대일로 대화를 하거나 여럿이 토론을 하는 방식으로 교육이 이루어졌습니다. 지금처럼 교사 1명과 다수의 학생으로 이뤄진 주입식 수업을 하지 않았습니다. 과목 또한 지금과 매우 달랐습니다. 미래교육 전문가인 찰스 파델(Charles Fadel)의 저서 《4차원 교육, 4차원 미래역량》에 따르면 르네상스 이후부터 근세까지 교육은 독해, 작문, 수사학, 역사, 철학, 수학, 음악, 미술, 라틴어과 같은 학문을 중심으로 이루어졌습니다.

이런 학문은 고대 그리스부터 근세까지 서양 문명사 2000년 동안 주요 교과목의 위치에 있었습니다. 곧바로 산업 현장에 적용할 수 있는 지식을 알려주는 데에는 한계가 있었지만 교양을 갖춘 공동체의 구성원을 양성하고 혁신을 일으킬 수 있는 창의적인 과학자와 예술가, 철학자를 길러내기 위한 기본이 되는 지식이었습니다. 이는 곧 인간 문명이 발전할 수 있던 기틀이 됐습니다. 그런데 이런 과목들의 교육은 산업 시대엔 굳이 배울 필요가 없는 것들입니다. 위와 같은 지식들은 굳이 우리가 알고 있지 않아도 먹고 사는 데 큰 지장이 없기 때문입니다.

만일 인류 역사상 최고의 천재 중 한 명인 레오나르도 다빈치가 살아 돌아온다면 어떨까요? 현대의 학교 체제에서 초, 중, 고등학교를 다니고 대학을 나왔더라면 그때와 같은 업적을 남길 수 있었을까요? 그가 르네상스 시기 알고 있던 지식의 총량은 아마 현대의 보통 성인보다도 훨씬 적을 것입니다. 그러나 그의 상상력과 창의성은 분명 오늘날 천재라고 불리는 사람들보다 뛰어날 것입니다.

즉, 지금까지의 교육 체제는 상상력과 창의성을 기르는 데 적합한 게 아니란 것은 분명한 사실입니다. 앞서 언급했듯이 충성스러운 국민, 숙련된 노동자를 양성하는 데 효과적인 것이 바로 지금의 학교 시스템입니다. 그러나 미래사회에는 과거에 중요시됐던 단편적 지식과 도구적 기술이 중요하지 않습니다. 이런 능력을 필요로 했던 일들은 앞으로 AI에 의해 대체될 것이기 분명합니다.

그동안 우리 사회에서 능력이라고 불리는 것들은 삶의 목적과는 괴리된, 다소 도구적인 것들이 주를 이루었습니다. 국어와, 영어, 수학 등 전통적인 입시 과목부터 최근에 주목받고 있는 코딩까지 우리 사회에서 중시되는 영역의 지식들은 삶의 목표가 아닌 도구적인 것들입니다. 그럼에도 불구하고 지금까지는 삶의 목적이 되는 것들, 이를 테면 이웃과 함께 더불어 사는 가치, 자연과의 어울림, 행복을 구현하는 문학이나 미술, 음악과 같은 예술은 학교에서 꼭 배우지 않아도 되는 것들처럼 여겨졌습니다.

그렇다면 미래사회는 어떻게 될까요? AI로 대표되는 새로운 기술혁명 시대에는 18세기 이전과 같은 전인교육의 중요성이 더욱 커질 것입니다. 영화 〈죽은 시인의 사회〉에서 키팅 선생님이 추구했던 교육 방식이 더욱 필요해진다는 이야기입니다.

영화 속에서 키팅 선생님이 부임한 월튼 고등학교는 졸업생 3분의 2가 아이비리그에 진학하는 입시 명문입니다. 입시 준비를 위한 이론을 배우기에도 바쁜 수업시간에 키팅 선생님은 학생들에게 시를 암송하게 합니다. 그러자 한 학생이 묻습니다. "선생님 시(詩)를 왜 배워야 하죠? 대학 진학에는 아무 도움도 안 되는데요." 이 학생은 입시 공부도 바쁜데 왜 자꾸 시를 읊게 하냐는 것이었습니다. 이 질문을 듣고 잠시 생각에 잠겼던 키팅 선생님은 대답합니다. "여러분이 목표로 삼는 의사, 법관, 정치인, 다시 말해 의술과 법, 정치 등은 모두 고귀한 일입니다. 그러나 이들은 삶에 필요한 수단과 방법이지 그 자체가 목적은 아니에요. 대신 시와 사랑, 예술과 낭만은 인생의 목표입니다. 삶의 목적이 되는 것들을 단지 방법을 달성하기 위한 도구로만 생각해선 안 되죠."

이후 키팅은 학교장의 반대에도 불구하고 윌리엄 예이츠(William Butler Yeats), 로버트 헤릭(Robert Herrick)처럼 교과서에도 나오지 않는 시인들의 시를 학생들에게 가르칩니다. '현실에 충실하라'라는 의미의 '카르페 디엠(Carpe diem)' 또한 헤릭의 시〈처녀들에게〉의 한 구절입니다. 하지만 키팅 선생님은 입시를 중시하는 월튼 고등학교의 교육이념에 맞지 않는 수업을 한다는 이유로 학교에서 쫓겨나고 맙니다.

영화에 그려진 학교의 모습은 지금 우리의 교육 현실과 크게 다르지 않습니다. 교실은 여전히 입시를 위해 존재하고, 수업은 암기와 지식 습득을 중심으로 진행됩니다. 키팅 선생님의 말처럼 교육을 통해 삶의 목표를 찾아가는 것이 아니라 수단과 방법을 얻기 위해 삶의 중요한 가치들을 잊고 사는 듯합니다.

하지만 더 이상 19세기 학교 모델로 아이들을 가르칠 수 없습니다. AI와 대비되는 인간만의 고유한 특성을 찾는 교육, 개인의 행복과 공동체의 이익을 조화시킬 수 있도록 가르치는 학교가 필요합니다. 미래 학교가 어떤 모습일지 단정할 수는 없지만, 적어도 지금처럼 단편적인 지식을 무조건 암기하고, 문제은행식 시험문항을 머릿속에 쌓아두는 형태의 교육이 아니라는 것은 분명합니다. 그리고 그것은 시인들이 죽어 있지 않은 사회를 만들어야 합니다.

챗GPT와 대학의 종말

"2030년 세계 대학의 절반이 사라진다."

미래학자 토마스 프레이(Thomas Frey)는 지식이 통용되는 유효 기간인 '지식의 반감기'가 짧아지면서 대학이 산업 수요를 따라가기 어렵게 되고 결국 대학의 존재 의미가 사라질 것이라고 전망하며 이렇게 이야기했습니다. 쉽게 생각해보면 최근 미래 혁신을 주도하는 기술인 AI와 자율주행차, IoT와 같은 기술은 대학이 아니라 기업에서 활발히 이뤄지고 있습니다. 미래 기술에 대학이 기여하는 부분이 전과 같이 크지 않은 것이 사실입니다. 그나마 지금까지는 대학 졸업장이 좋은 일자리를 보장해줄 거라는 믿음이 있었지만 이제는 그마저도 깨지고 있습니다.

우리나라에도 350개가 넘는 대학이 있습니다. 몇 년 전부터 정부는 대학의 구조조정을 해왔지만 아직 성과는 미미합니다. 이미 대학의 정원이 고등학교를 졸업하는 학생의 수보다 많은 시대가 되었습니다. 모든 고3 학생들이 대학에 진학한다고 해도 일부 대학은 정원 미달이 될 수밖에 없습니다. 30년 전 100만 명 가까이 됐던 고교 졸업생은 현재 40만 명 안팎에 불과하고, 몇 년 후에는 20만 명대로 떨어지게 될 것입니다.[12] 프레이의 말이 현실이 될 날이 성큼성큼 다가오고 있는 것입니다.

학령인구의 감소도 문제지만, 대학의 종말을 더욱 부추기고 있는 것은 AI 기술의 가공할 만한 발전입니다. 2022년 11월 공개된 챗GPT가 그런 전망을 더욱 강화하고 있습니다. 40년 동안 연구자로 살아온 김문조 고려대 명예교수는 "챗GPT의 등장으로 기술학문은 물론, 인문학과 사회과학 등 학문 전반에 큰 비상이 걸렸다"고 말합니다. "이미 완성돼 있는 지식을 연구하는 건 더 이상 쓸모가 없어질 것"이란 이야기죠. 예를 들어 미셸 푸코의 사상을 집중적으로 연구한 사회학자가 있다면, 과거엔 사상을 깊이 연구해 학생들에게 가르쳤습니다. 그러나 이제 그 역할을 챗GPT가 대신할 수 있게 된 것이죠.

그 대신 중요해지는 것은 지식과 관점의 결합입니다. "푸코의 사상을 바탕으로 현실사회를 깊이 분석하고 나름의 관점을 갖게 하

---

12) 2023년 대입정원은 47만 명인데, 입학자는 42만 명에서 2024년 37만 명으로 급감한다. 통계청 장래인구추계에 따르면 2043년 만 19세 인구는 23만 명, 경제협력개발기구(OECD) 평균 대학진학률(44%)을 적용하면 이때 대학 신입생 수는 10만 명이다. 단적으로 지금 대학의 70~80%는 문 닫을 수 있다는 이야기다.

는 것이 앞으로 교수의 역할이 될 것"이라는 뜻입니다. 즉, 방대한 지식을 정리하는 일은 AI에게 맡겨두고 이를 어떻게 실생활에 적용할 것인가 하는 문제를 인간이 고민해야 한다는 이야기입니다. 챗GPT와 같은 거대 언어모델이 데이터를 계속 쌓아나간다면, 현실에 대해 어떤 관점을 가져야 하는지도 제시해줄 수 있을 겁니다. 그 때가 된다면 지금과 같은 교수의 역할은 상당 부분 사라지겠죠.

대학의 패러다임도 크게 변화하고 있습니다. 예를 들어 캠퍼스가 없는 대학 미네르바 스쿨은 2014년 처음 문을 열었는데, 불과 몇 년 만에 아이비리그와 어깨를 나란히 하는 대학으로 성장했습니다. 〈파이낸셜타임스(Financial Times)〉는 미네르바 스쿨에 대해 "전 세계에서 가장 들어가기 어려운 대학"이라고 평가했습니다. 도대체 미네르바 스쿨은 어떤 대학일까요?

이 학교는 재학생 460명에 불과한 작지만 강한 대학입니다. 학교 커리큘럼도 일반 대학과 다릅니다. 보통 월요일부터 목요일까지 수업을 하고 금요일에는 무조건 실습을 합니다. 실습 장소는 기업과 관공서, NGO 등 학생의 관심 분야에 따라 다양하게 선택할 수 있습니다. 미네르바 스쿨이 특별한 것은 모든 수업이 온라인으로 이뤄진다는 점입니다. 시간에 맞춰 노트북을 켜면 함께 수업을 듣는 학생들과 교수가 모니터에 나타납니다. 사전에 동영상 강의를 미리 듣고 접속하기 때문에 수업은 모두 토론식으로 진행됩니다.

또 한 가지 특별한 것은 미네르바 스쿨에는 강의실이 따로 없다는 점입니다. 카페든 도서관이든 장소와 관계없이 노트북을 켜는 곳이 바로 강의실이 됩니다. 그 대신 전 세계 7개 도시에 기숙사가 있고 학생들은 4년 동안 전 세계를 돌며 그 나라의 산업과 문화를 배웁니다. 현재 샌프란시스코(미국), 베를린(독일), 부에노스아이레스(아르헨티나), 서울(한국), 하이데라바드(인도), 런던(영국), 타이베이(대만)에 미네르바 스쿨의 기숙사가 있습니다.

다양한 문화에서 살아보는 것은 학생들의 실력을 쌓고 다문화적 감수성을 기르는 데 도움이 됩니다. 예를 들어 샌프란시스코에 머물 때는 학생들이 발전된 도시의 노숙자와 부에노스아이레스의 빈곤층을 비교하며 연구 과제를 수행하는 식입니다. 비슷하지만 또 다른 빈부격차 문제를 다루면서 글로벌 감각을 키울 수 있습니다.

미네르바 스쿨에는 일반 대학처럼 경영학과 · 물리학과 같은 전공도 없습니다. 이들은 문학, 역사, 철학 등 인문학부터 코딩, 물리학, 화학까지 모든 분야의 학문을 통섭적으로 배웁니다. 복잡한 미래사회에선 수학, 물리, 철학 등 한 종류의 지식만으로 문제를 해결할 수 없기 때문입니다. 단 하나의 이슈라도 다양한 관점에서 바라보고 해결책도 융합적으로 찾는 방법을 배웁니다.

그렇다 보니 최근엔 미네르바 스쿨을 지원하는 학생들도 많아졌습니다. 민족사관고를 졸업한 A씨가 대표적입니다. 그의 미국 대학입학자격시험(SAT) 성적은 2,370점(2,400점 만점), 토플은 118점(120점 만점)이었습니다. 그리고 영국의 케임브리지대와 임페리얼 컬리지, 미국의 UC버클리 등에 합격했지만 최종적으로 미네르바 스쿨을 선택했습니다. 그는 언론과의 인터뷰에서 "기존의 대학들은 다른 사람이 연구해놓은 지식과 이론을 배우기 급급합니다. 그러나 미네르바는 학생이 직접 지식과 이론을 만들어낼 수 있는 능력을 길러줍니다"라고 말했습니다.

미네르바 스쿨과 같은 새로운 유형의 대학이 큰 주목을 받으면서 전통의 대학들이 위기를 맞고 있습니다. 학생들의 관심을 못 받는 것도 문제지만, 무엇보다 산업의 수요가 과거와 달라졌다는 점이 대학의 위기를 가속화하고 있습니다. 특히 최근에는 대학이 이론과 기술을 제공하고 기업은 이를 통해 제품을 생산하는 '산학협력'의 공식도 깨졌습니다. AI와 빅데이터, 자율주행차 등 미래 기술 연구에서 앞서가는 곳은 대학이 아니라 기업이기 때문입니다. 그럼에도 불구하고 학생들이 대학에 가는 이유는 졸업장 때문입니다. 만약 불안한 미래에 졸업장이 좋은 일자리를 갖게 해줄 거라는 기대감마저 깨진다면 대학은 붕괴되기 시작할 것입니다. 토마스 프레이는 "좋은 대학에 들어가는 것을 지상 최대의 목표로 삼는 한국 교육은 큰 변화가 필요하다"고 강조합니다.

원래 '대학(university)'이라는 단어는 '종합', '전체'라는 의미의 'universitas'라는 라틴어에서 유래했습니다. 이 단어가 대학을 뜻하는 말이 된 시기는 중세로 거슬러 올라갑니다. 당시 'universitas'는 여러 사람이 모인 공동체(길드)라는 의미로 사용되었습니다. 상업이 크게 발달했던 이탈리아에서 거대한 부를 축적한 상인들은 길드라는 공동체를 구성해 정보를 나누고 함께 사업을 벌였습니다.[13] 길드에서는 이따금 전문가들을 불러 공부를 하기도 했습니다. 사업을 하려면 법이나 회계에 대해서도 잘 알아야 했기 때문입니다. 그러면서 조금씩 오늘날과 같은 대학의 모습을 갖춰 갔습니다.

그런데 이런 대학의 모델은 1000년이 지난 지금까지 크게 변하지 않았습니다. 한 명의 교수가 여럿의 학생을 가르치고, 수업은 대부분 1대 다수로 이뤄집니다. 2년이든, 4년이든 정해진 기간 동안 교육과정을 따라야 하고 몇 학점 이상을 이수해야 학위를 받을 수 있습니다. 그런데 이런 대학 시스템이 지금 흔들리고 있습니다. 지금과 같은 운영 방식으로는 더 이상 존립할 수 없게 된 것입니다. AI 등으로 대표되는 미래기술의 변화 속도를 더 이상 상아탑 속에 갇힌 지식만으론 따라갈 수 없게 된 것입니다. 또 4년간 대학이 정해놓은 커리큘럼을 따라가는 방식으론 사회가 필요로 하는 지식과 능력을 기르기가 버겁습니다. 어떤 대학, 일부의 교수들은 사회에 꼭 필요한 지식을 가르치기보다 자기가 좋아하는 분야, 자신의 연구주제에 속하는 영역, 이른바 '취미 연구(hobby theory)'를 하는 이들도 많습니다. 학생들은 왜 이런 걸 배워야 하는지도 모른 채 어쩔 수 없이 필기를 하고 시험을 치릅니다. 이처럼 대학은 총체적 위기에 빠져 있습니다. 그러나 이런 이유로 인해 대학이 앞으로 필요 없다는 건 아닙니다. 앞으로 대학의 역할은 더욱 커질 것입니다. 다만 그 성격이 달라질 것입니다.

---

13) 1088년 세계 최초의 대학으로 알려진 이탈리아 볼로냐대학이 설립됐다.

그렇다면 대학을 이끌고 있는 총장과 최고의 지성으로 일컬어지는 석학들은 대학의 미래를 어떻게 바라볼까요? 또 그들이 생각하는 대학의 모습은 어떤 것일까요? 조인원 경희대 총장은 "아직까지는 학생들이 학위가 필요해 대학을 찾고 있지만 앞으로는 어떻게 달라질지 모릅니다. 대학은 단순히 지식을 전달하는 공간이 아니라 상상력을 키우고 영감을 줄 수 있는 곳으로 바뀌어야 합니다"라고 말합니다. 앞서 살펴봤듯 졸업장을 주는 것만으론 더 이상 대학이 경쟁력을 가질 수 없는 시대가 되었습니다.

그럼 대학은 어떻게 바뀌어야 할까요? 먼저 대학 전공, 학문 간의 칸막이부터 허물어야 합니다. 김창수 중앙대 총장은 "전공 간의 장벽은 국경보다 견고하다"라고 합니다. 학문 간 벽을 높이 세우면서 '그들만의 리그'를 강화한 결과입니다. 김창수 총장은 "장벽을 허물어야 이 시대가 필요로 하는 융복합 교육이 자연스럽게 이뤄질 수 있습니다"라고 주장합니다. 신구 세종대 총장 또한 "다양한 학문 분야를 통섭하려면 학과 간, 대학 간 칸막이를 없애고 자유롭게 공동 전공을 만드는 것과 같은 획기적 체제 개편이 필요합니다"라고 말합니다.

실제로 전공 간 장벽을 무너뜨리는 노력도 이어지고 있습니다. 대구경북과학기술원(DGIST)의 학생들은 4년 내내 '무학과'로 학부 과정을 이수합니다. 전공이 없는 상태에서 모든 과목을 함께 배우는 것입니다. 카이스트에서도 1학년은 무학과로 운영됩니다. 신성철 카이스트 총장은 "기초과학과 기초공학을 가르치면서 빅데이터와 통계, 인문학까지 아우르는 융복합 인재를 기르는 것이 목표입니다. 기업에서도 이젠 맞춤형 인재보다 기초가 튼튼한 인재를 필요로 합니다"라고 이야기하고 있습니다.

학문의 장벽을 없애는 것과 함께 교육 시스템을 뜯어고칠 필요도 있습니다. 교육 분야에서 최고 권위자 중 한 명인 조벽 고려대 석좌교수는 3S(same age, same time, same place) 교육을 3A(anyone, any time, any place) 교육으로 바꾸자고 제안합니다. 즉 같은 나이의 학생들이 동시간대에 같은 장소에서 공부하는 방식을 아무나 아무 시간에 어디서든 학습할 수 있는 시스템으로 전환하자는 것입니다. 미네르바 스쿨과 비슷한 방식입니다.

이를 실현하기 위해선 대학의 모든 것을 바꿔야 합니다. 3S 교육 시스템하에서는 대학이 모든 것을 결정했습니다. 공부해야 할 시간, 학습의 내용, 수련하는 장소까지 대학의 의사에 따라야 했습니다. 대학이 정해놓은 코스를 완주하면 비로소 '학위'라는 결과물을 받을 수 있었습니다. 그러나 3A 교육에서는 대학이 지금과 같은 방식으로 학위를 주는 것이 맞는지, 학위를 주더라도 얼마나 쓸모가 있을지 의문입니다. 이에 대해 조벽 교수는 "과목 중심이 아니라 어떤 경험을 하느냐를 중심에 두고 교육 과정을 디자인해야 합니다. 자격증과 학위의 독점 체계를 대폭 완화시켜야 합니다"라고 제안합니다.

마지막으로 살펴볼 것은 그동안 독점적 지위를 누려왔던 '교수'라는 직업의 권위가 크게 떨어지게 되리라는 사실입니다. 지금까지는 박사학위를, 그것도 가급적 외국 대학(특히 미국)의 학위를 소지하고 있어야만 교수가 될 수 있었습니다. 산업 현장에서 뛰어난 실력과 강의 능력을 갖췄더라도 정교수가 되는 건 쉽지 않은 일이었습니다. 교수라는 직업 자체가 학위의 카르텔에 묶여 있었기 때문입니다.

그러나 교수들이 지식 체계를 독점하고 있던 시대는 이미 무너지기 시작했습니다. 그동안 높은 장벽에 둘러싸여 이들만 알고 있던 지식을 이제는 모든 사람들이 접근할 수 있는 길이 열렸습니다. 인터넷 검색 한 번이면 웬만한 논문과 이론은 다 찾아볼 수 있습니다. 그리고 AI 교수가 광범위하게 도입된다면 인간 교수들은 지식 경쟁에서 AI에게 도태될 것이 분명합니다. 이미 미래기술에 대한 연구 부문도 대학이 아닌 기업으로 무게중심이 옮겨졌습니다. 미래에는 지금처럼 학위의 카르텔에 묶인 교수만이 아니라 스펙이 없어도 실력만 갖춘다면 누구나 훌륭한 교수가 될 수 있는 세상이 열릴 것입니다. 아마 우버와 에어비앤비 같은 공유경제가 대학 사회로 들어오면서 모든 사람을 교수와 학생으로, 즉 p2p 방식으로 연결해주는 공유대학이 나타날 것입니다. 이를 가능하게 하는 것이 블록체인 기술입니다.

그렇다면 이런 시대에 전통적으로 교수라고 불리는 이들의 역할은 어떻게 달라질까요? 우리가 알 수 있는 한 가지는 지식전달자로서 교수의 역할은 이제 끝났다는 사실입니다. 그 대신 더 좋은 영감을 불어넣어주고 상상력과 창의성을 이끌어내는 퍼실리테이터의 역할을 해야 합니다. 아울러 우리 사회에 필요한 가치와 철학, 공동체가 나아갈 방향을 마음에서 이끌어주는 인도자 노릇도 해야 할 것입니다. 이는 물론 초, 중, 고등학교의 교사 역시 마찬가지입니다.

끝으로 칸랩 스쿨(Khan lab school)의 사례를 소개합니다. 대학에 미네르바 스쿨이 있다면, 초등학교에는 칸랩이 있습니다. 칸랩은 2014년 미국 캘리포니아에서 개교했습니다. 무크 강의로 인기를 끌었던 칸아카데미의 설립자 살만 칸이 설립한 칸랩 스쿨은 초등학생 연령에 해당하는 학생들이 다니는데, 공교육에서처럼 학년 구분이 따로 없습니다. 이곳에서 학생들은 오전엔 자신이 좋아하는 교과 수업을 각자 수준에 맞게 배웁니다. 예를 들어 수학 · 국어 · 컴퓨터 · 과학 같은 전통적인 교과목들이죠. 대신 오후엔 스포츠와 예술 활동에 집중합니다. 이 역시 자신이 하고 싶은 것을 선택해 참여하죠.

또 우리가 알고 있는 일반적 의미의 숙제나 시험이 없습니다. 개인의 관심과 학습 능력에 따라 프로젝트 중심으로 수업이 이뤄지고 본인의 발전 정도를 파악하는 용도로만 평가가 진행됩니다. 살만 칸은 학교 설립 취지를 다음과 같이 밝힙니다. "사람은 누구나 자신의 특성에 따라 좋아하는 분야가 다양하고 배우는 속도도 다릅니다. 한번 가르치면 단번에 이해하는 친구도 있지만, 그렇지 않은 학생도 있습니다. 그렇다고 늦게 배우는 학생이 부족한 건 아닙니다. 그 친구는 다른 부분에 소질이 있기 때문입니다."

그런데 우리는 어떤가요? 객관식 필기시험이라는 틀에 전국의 모든 학생들을 가둬두고 어릴 때부터 삶에서 소외당하는 법을 가르치고 있는 건 아닐까요? 남보다 조금 느릴 뿐인데, 마치 인생의 패배자인 것처럼 줄을 세워 사회의 구석진 자리로 내보내고 있는 건 아닐까요? 학교가 그리고 교사가 학생들의 적성과 성향에 맞게 가르친다면 뒤처지는 학생도 없고, 서로 다른 자신의 소질을 계발하게 될 것입니다. 칸렙 스쿨은 바로 이런 주장을 뒷받침하고 있습니다.

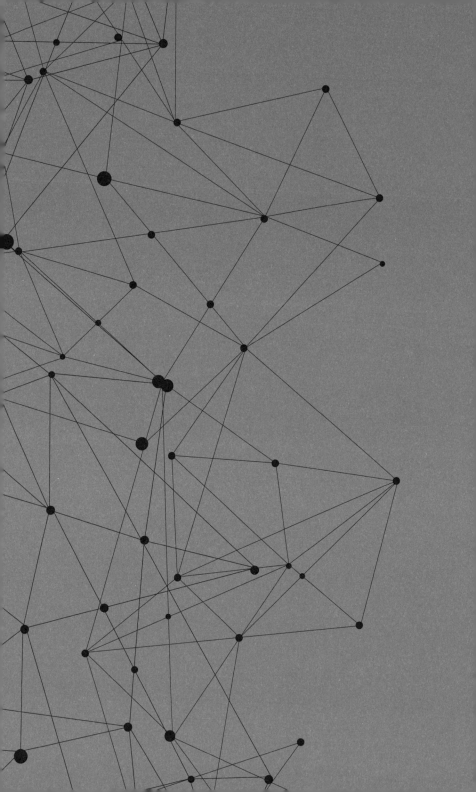

Chapter 2
시대에 따라 변하는 인재상

그리스·로마 시대의 이성적 인간

· · ·

    가장 이상적인 인재란 어떤 사람을 말하는 것일까요? 질문에 답하기에 앞서 이런 식의 물음은 잘못되었다는 걸 말씀드리고 싶습니다. 인재상은 시대마다 그리고 그 사람이 속한 사회와 문화에 따라 달라지기 때문입니다. 그럼에도 불구하고 이런 질문을 던지는 이유는 미래사회에 필요한 인재란 무엇인지 따져보기 위해서입니다. 전통적으로 각 시대마다 이상적 인재로 불렸던 이들의 특징을 살펴보는 건 우리가 미래를 준비하는 데에도 큰 도움이 될 것입니다.

    물론 각 시대가 원했던 인재상을 살펴보는 작업도 간단치만은 않습니다. 누구도 과거를 살아본 적 없기 때문에 그 사회가 안고 있는 고민들, 또 지향하고자 했던 이상적 가치를 명쾌하기 짚어내긴 어렵습니다. 즉 실체적 진실로써 당대의 인재상을 규명하는 건 어찌면 불가능한 일일지도 모르겠습니다. 하지만 그 시대를 지배했던 이데올로기나 사회에 보편적으로 퍼져 있던 정서와 흐름을 추적해본다면 조금이나마 당대의 인간상을 유추해볼 수는 있을 것입니다. 지금부터는 동서양 각 시기에서 주목받았던 사상적 흐름을 토대로 각 시대가 원했던 인재상을 살펴보겠습니다.

기본적으로 동양은 사회에서 개인으로, 서양은 개인에서 사회로 철학적 논의를 진전시켰습니다. 즉 동양에서는 사회 전체의 구성 원리를 먼저 밝히고, 이를 효율적으로 지배하기 위한 통치 철학을 먼저 세웠습니다. 그리고 그 안에서 각 개인의 역할은 무엇인지를 고민했습니다. 반대로 서양은 개인에게 내재된 본성을 먼저 탐구하고 그것으로부터 인간의 본질을 끌어낸 다음, 그것이 어떻게 사회에서 조화롭게 작동할 것인가를 연구했습니다. 이런 배경 아래 고대 그리스·로마는 어떤 문화와 의식을 갖고 있었는지 생각해보겠습니다.

서양 문명사를 이야기하면서 그리스 도시국가(폴리스) 이전의 시대를 살펴보는 건 쉽지 않은 일입니다. 역사학의 아버지 헤로도토스(Herodotos, BC 484년~BC 425년 추정)가 기록했던 《역사》이전의 시점에 대한 자료는 당대의 지식과 문화, 학문의 풍토를 재구성할 만큼 충분히 남아 있지 않기 때문입니다.[14] 따라서 서양의 인

---

14)폴리스 이전에 도리아인이 지배했던 그리스 반도는 이전의 미케네 문명과 달리 문자를 거의 사용하지 않았기 때문에 살펴볼 문헌조차 없다. 에게 문명은 미케네, 크레타, 트로이를 중심으로 발전했지만 철제무기를 가진 도리아인의 침입으로 멸망했다.

재상에 관한 논의는 아테네에서부터 시작되어야 할 것 같습니다.

먼저 도시국가인 폴리스는 직전의 세기, 즉 도리아 왕조가 그리스 본토를 지배했던 시대의 연장선에 있었습니다. 그리스 반도에 처음 철제 무기를 들여온 도리아 민족의 영향으로 폴리스에서는 철기를 농사에 쓰기 시작했습니다. 철제 농기구를 사용하면서 땅을 쉽게 개간할 수 있었고, 깊은 곳까지 흙을 파내면서 토질이 좋아지기 시작했습니다. 철제 농기구의 확산은 폴리스 전체의 생산력을 월등히 높였습니다.

또 도리아 민족은 사용하지 않았던 문자를 발전시키면서 폴리스에 사는 사람들의 지적 수준도 높아졌습니다. 철기의 사용으로 생산력이 높아진 것은 오늘날로 말하면 엄청난 기술혁신이 이루어진 것과 같습니다. 문자의 확산은 지식 문명이 전승될 수 있는 토대를 마련했고, 이들의 교양과 지혜는 더욱 깊어갔습니다.

철기혁명을 통한 생산력 증대는 인간을 먹고사는 문제, 즉 생존의 굴레에서 해방시켰습니다. 잉여가치의 확대로 육체노동에서 해방된 시민들은 고차원적인 무언가를 탐구하기 시작했습니다. 이를테면 인간은 어디서 왔고, 세상은 어떻게 존재하는가와 같은 형이상학적 물음을 던지기 시작했습니다.

최초의 철학자라고 불리는 탈레스(Thales)나 우주의 근원을 원자로 본 데모크리토스(Democritos) 같은 사람들이 대표적입니다. 이들은 세상에 존재하는 보편적 진리와 원칙이 있다는 믿음을 가지고 있었고 그것을 찾기 위해 끊임없이 고민했습니다. 다만 실재하는 현상 너머의 본질을 찾다 보니 일반 시민들의 생활과는 다소 거리가 있었습니다.

폴리스가 발달하고 직접민주주의가 생활의 정치로 자리 잡으면서 시민사회에 새로운 변화가 일기 시작했습니다. 당시 폴리스인들이 시민이 되기 위해선 한 가지 능력을 갖춰야 했습니다. 생존을 위해 또는 자신의 재산과 권익을 보호하기 위해 꼭 필요한 것, 바로 수사적 능력이었습니다. 이는 자신의 생각을 올바르게 전달할 수 있는 커뮤니케이션 능력을 의미합니다.

잘 알려진 것처럼 그리스 도시국가의 시민들은 중요한 문제를 결정할 때 아고라에 모여 토론을 통해 문제를 논의하고 의사결정을 했습니다. 아고라에서 시민 개개인은 사안에 따라 법조인이 되기도 했고, 정치인이 되어야 할 때도 있었습니다. 개인과 개인 간에, 개인과 사회 간에 갈등과 분쟁이 발생했을 때는 자신의 무죄 혹은 상대의 유죄를 밝힐 수 있는 변론능력을 갖춰야 했습니다. 자신의 이익과 안전을 지키기 위해서라도 설득과 변론의 기술을 꼭 배워야 했던 것입니다. 국가의 미래를 논할 때는 자신에게 유리한 방향으로 의사결정이 이뤄질 수 있도록 타인들을 설득해야 했습니다.

이때 시민들에게 수사학을 가르쳤던 이들이 바로 '소피스트(sophist)' 입니다. 소피스트는 그리스어로 '지혜로운 자'라는 뜻으로, 이들은 여러 폴리스를 돌아다니며 다양하고 폭넓은 주제로 강의했습니다. 이들은 유산가와 노동자 사이에 자본이 없으면서도 물리적인 노동을 하지 않는 새로운 계층, 요즘으로 치면 일종의 '지식인' 이었습니다.

소피스트는 초기 철학자들과 달리 절대적인 진리 따위는 없다고 주장했습니다. '인간이 만물의 척도'라고 말한 프로타고라스처럼 진리는 상대적이며, 인간의 삶에 쓸모 있는 지식이야말로 진짜 지식이라는 것입니다. 특히 소피스트는 시민 계급과 그 자녀들에게 꼭 필요한 변론술을 가르치면서 대중적 인기를 얻었고, 수사학뿐 아니라 실생활과 밀접한 문법, 시, 음악 등을 가르치며 실용학문을 발전시켰습니다.

그러나 훗날 소피스트들 중에는 궤변론자라는 비난을 받을 만큼 지나치게 허황된 주장을 펴는 사람도 생겨났습니다. 일각에서는 돈만 주면 죄를 지어도 무죄 판결을 받을 수 있는 '말기술'을 가르쳐준다는 사람도 있었습니다. 또 지나친 상대주의는 논리에 맞지 않거나 그때 그때 결론이 다른 임기응변적인 현란한 말솜씨로 변모하기도 했습니다.

여기에 반기를 든 사람이 소크라테스입니다. 그는 철학적 사고와 논증을 통해 인간과 현상에 대한 탐구 활동을 이어나갔습니다. 소크라테스는 소피스트들이 갖고 있던 상대주의적 입장, 나아가 극단적인 회의주의를 비판했습니다. 세상에는 누구도 부정할 수 없는 절대적 진리가 있다고 믿은 그는 논리와 추론을 통해 자신의 철학을 증명하기 시작합니다. 여기서 나온 지혜를 깨닫는 방식이 그 유명한 산파술(대화법)입니다.

산파술은 산파가 산모의 출산을 자연스럽게 유도하듯 대화를 통해 진리를 이끌어내는 방식을 말합니다. 플라톤의 저작을 보면 늘 스승인 소크라테스가 화자로 등장합니다. 소크라테스가 특정 인물을 만나 대화를 나누는 방식으로 책이 쓰여 있습니다. 그때 소크라테스는 논리적 사고를 통해 상대의 허점을 파고듭니다. 그리고 결국에는 상대가 자신의 생각이 틀렸다는 점을 인정하게 만들죠. 소크라테스는 세상에는 변하지 않는 절대적 진리가 있다고 생각했고, 그가 진리를 탐구하는 방법은 이성과 논리였습니다.

소크라테스의 철학은 제자인 플라톤에게로 이어졌습니다. 플라톤은 불변하는 진리로 '이데아'를 제시합니다. 현실 세계가 상대적이고 혼란스럽게 보이는 건 그 자체가 실체가 아닌 이데아의 모방이기 때문이란 것입니다. 그렇다면 인간은 어떻게 이데아를 추구할 수 있는가. 플라톤은 변증을 통해 진리에 가까이 갈 수 있다고 생각했습니다. 현실 세계에 정확한 원은 존재하지 않지만, 인간의 경험과 이성적 추론을 바탕으로 이데아를 그릴 수 있다고 판단했습니다.

이 같은 철학은 현실 정치에도 반영됩니다. 당시 아테네는 직접민주주의 국가였습니다. 하지만 플라톤은 자신의 스승 소크라테스가 독배를 들도록 몰고 간 어리석은 대중들을 몹시도 싫어했습니다. 그 대안으로 이데아에 가까이 가 있는, 이성적이고 합리적인 인간, 즉 철인이 사회를 지배해야 한다는 주장을 펼쳤습니다. 훗날 그의 철인정치론은 독재자의 이데올로기를 뒷받침하는 논거로 사용되기도 했지만, 플라톤이 주장하고자 했던 생각의 핵심은 이성과 논리만이 사회 갈등을 해소하고 이상적 사회를 이룩할 수 있다는 것이었습니다.

이처럼 합리적 사고를 중시하는 이성주의의 흐름은 플라톤 이후 2000년간 서구 지성사를 지배합니다.[15] 제자인 아리스토텔레스에 이르러 경험주의적 접근법이 가미되긴 하지만 이성을 인간 능력의 맨 앞에 둔 소크라테스와 플라톤의 지적 전통은 가장 큰 줄기를 이루게 됩니다.

따지고 보면 소피스트가 가르쳤던 수사학도 논리와 추론을 중시하는 학문이었습니다. 수사학은 본질적으로 타인을 설득하는 것을 기본 목적으로 합니다. 설득을 위해선 말하는 사람의 품격(에토스), 표현 방식에 있어서의 공감(파토스)도 있어야겠지만 이성(로고스)이 무엇보다 중요합니다. 소위 '말이 안 되는' 이야기를 가지고 제 아무리 신망 있는 사람이 공감되도록 이야기한다고 해서 그 말에 설득되기는 어려울 것입니다.

이 같은 지적 전통은 로마로 이어졌습니다. 로마의 위대한 정치가였던 키케로는 《수사학》이라는 책을 집필하기도 했습니다. 키케로는 이 책에서 설득과 변론을 위한 논리의 전개 방법을 설명합니다. 우리가 흔히 알고 있는 삼단논법도 그리스·로마 시대부터 쓰이던 추론 방식이었습니다.

이처럼 서양 초기 문명은 '이성적 인간'을 가장 이상적 인간으로 생각했습니다. 문자가 확산되며 지식과 교양의 시대가 처음 열렸던 시기였기 때문에 인간을 동물과 구분 짓는 가장 큰 특성으로 이성이 디욱 강조되기도 했던 것입니다. 그리고 시민들은 이런 지적 능력을 갖추기 위해 철학자들이 세운 최초의 학교들, 예를 들면 플라톤의 아카데미아나 아리스토텔레스의 뤼케이온 같은 곳들을 찾았습니다.

---

15) "서양 철학은 플라톤의 각주에 불과하다"는 화이트헤드의 말처럼 서구 문명사에서 플라톤이 끼친 영향력은 매우 크다. 일각에서는 그를 서양문명의 설계자로도 부른다.

춘추 전국 시대 유가의 덕승재 군자론

중국도 그리스와 비슷한 길을 걸었습니다. 소크라테스가 활동했던 기원전 5세기 중국은 춘추 전국 시대였습니다. 중국 역시 춘추 시대에 이르러 처음 철제 농기구를 사용하기 시작했고, 이때부터 본격적으로 한자가 사용되기 시작하며 지식문화의 화려한 성장기를 맞이합니다. 처음 철을 사용했던 히타이트 왕조가 무너지고 서쪽으론 도리아인에 의해 그리스로, 동쪽으론 스카타이와 같은 유목민족에 의해 중국으로 전파됩니다.

그때 철기를 가장 잘 사용했던 나라가 제(齊)나라였습니다. 제나라는 상인 출신이었던 명재상 관중이 집권하여 바다에 인접한 지리적 이점을 활용해 중국 역사상 최초로 중상주의 정책을 폈습니다. 상업이 발달하면서 화폐가 널리 유통됐습니다.

이 당시 가장 혁신적 것은 철제 농기구가 확산되기 시작했다는 것입니다. 철기의 사용으로 소를 이용해 농사를 짓는 우경(牛耕)도 가능해졌습니다. 석기나 청동기로는 불가능했던 농업혁명이 일어나면서 생산력이 급증하기 시작했습니다. 특히 관중은 제나라에서 생산되는 철의 사용량을 늘리며 기술 혁신을 주도했습니다.

제나라는 상업의 발달로 국가의 경제가 성장했고 나라의 재정 또한 튼튼해졌습니다. 제나라에서 시작된 기술 혁신은 곧 이웃나라로 퍼졌습니다. 관중이 설계한 국가의 체제, 사회 구조 등은 곧 춘추 전국 시대의 '글로벌 스탠다드'가 되었습니다. 당시 국가들의 대부분이 철기구와 우경 등 기술 혁신을 통해 높은 생산성을 갖게 됐고, 상업의 발달로 다양한 문물이 교류되면서 춘추 전국 시대는 문화적 융성기를 맞이합니다.

이는 철제 농기구를 사용하며 물질적 성장을 이룬 그리스의 폴리스들과 비슷한 모습입니다. 생산력의 급증은 잉여가치를 만들어 냈고, 이는 새로운 계급의 출현으로 이어졌습니다. 폴리스에서 시민이 생겨났듯, 춘추 전국 시대엔 '사(士)'라는 계급이 형성되었습니다. 이들은 토지를 갖고 있지 않기 때문에 귀족은 아니었지만 그렇다고 노동을 통해 돈을 벌어 조세를 바치는 일반 서인도 아니었습니다. 육체적 노동을 하지 않고도 먹고 살 수 있는 새로운 계층, 즉 중국 최초의 '지식인' 집단이었던 셈입니다.

지식인 집단은 많게는 백여 명씩 한꺼번에 몰려다니며 귀족 가문의 식객이 되기도 했습니다. 이들이 바로 '제자백가(諸子百家)'

입니다. 중국, 나아가 동아시아 역사와 문화의 근간을 이루는 대부분의 사상들이 이때 나왔습니다. 인(仁)과 의(義), 예(禮) 등 사람의 본성과 도덕을 강조한 공자와 맹자의 유가(儒家)사상, 엄격한 법과 제도를 중시한 한비자의 법가(法家), 자연과 무위를 강조하는 노자와 장자의 도가(道家), 평화와 사랑의 실천을 강조한 묵자의 묵가(墨家)와 같은 사상이 꽃을 피웠습니다.

그중에서도 가장 대표적인 사상이 유가입니다. 공자와 맹자로 대표되는 유가사상은 인간의 본성과 특징, 군주의 자질과 덕목에 대해 이야기하고 있습니다. 맹자의 양혜왕 이야기가 이를 대표적으로 보여주고 있죠.

위나라의 양혜왕은 삼고초려를 하듯 어렵게 맹자를 모셔왔습니다. 양혜왕은 어떻게 하면 나라를 부강하게 만들 수 있을지 고민하는, 능력 있는 군주였습니다. 왕이 맹자에게 물었습니다. "장차 나라를 이롭게 하려면 뭘 해야 하겠습니까?" 왕으로선 당연한 고민이었습니다.

하지만 조용히 생각에 잠겼던 맹자가 낮은 어조로 꾸짖듯 말했습니다. "왕께서는 어찌 이익을 먼저 이야기 하십니까? 왕이 나라의 이로움만 생각하면 신하들은 자기 가문의 이익을 먼저 생각하고, 백성과 선비는 자신의 이로움만 좇게 됩니다. 위에서 아래로 이익만 좇으면 나라가 위태로워집니다. 오직 인의(仁義)가 있을 뿐입니다."

중국의 사서(四書) 중 하나인 《맹자(孟子)》[10]에는 자신의 이익만 좇는 현대사회에 일침을 가하는 내용들이 많습니다. 위의 이야기는 책의 맨 처음 나오는 양혜왕 편의 사례입니다. 이처럼 맹자와 공자로 대표되는 춘추 전국 시대의 사상은 동아시아 문화의 원류가 됐습니다. 이 시대에 노자, 장자, 한비자, 묵자 등 제자백가의 사상은 사실상 중국 철학의 전부라고 해도 과언이 아닙니다. 특히 유가 사상을 받아들여 성리학으로 발전시킨 조선의 입장에선 공자와 맹자의 철학이 곧 삶의 원칙이요, 국가의 지배 이데올로기였습니다.

그런데 제자백가 사상은 동시대의 그리스 철학과 조금 다른 특색을 지닙니다. 인간과 세상의 본질을 탐구한 그리스 철학과 달리 제자백가는 주로 통치의 이념과 방법론을 모색하는 경우가 많았습니다. 사람의 본성을 탐구할 때도 인과 예, 의처럼 인간으로서 지켜야 할 덕목을 강조합니다. 인간의 본성과 통치 이데올로기에 대한 고민은 훗날 군주의 자질을 논하는 사상으로 발전합니다.

대표적인 것이 바로 맹자의 '역성혁명(易姓革命)'입니다. 맹자는 군주와 백성을 돛단배와 물로 비유합니다. 백성은 배를 띄우지만, 전복시킬 수도 있다는 것입니다. 맹자는 역성혁명에 대한 자신의 생각을 다음과 같은 기록으로 남겼습니다.

인(仁)을 해치는 자를 적(賊)이라 하고 의(義)를 해치는 자를 잔(殘)이라 한다. 잔적지인(殘賊之人)은 단지 '그놈'이라고 하니 무왕이 '주(은나

---

16) 양혜왕(梁惠王), 공손추(公孫丑), 등문공(滕文公), 이루(離婁), 만장(萬章), 고자(告子), 진심(盡心) 등 총 7편으로 이뤄져 있다.

라의 마지막 왕)'라는 놈을 처형했다는 말은 들었어도 임금을 시해했
다는 말은 듣지 못했다.

역성혁명의 논리는 훗날 고려 말 왕을 몰아내고 조선을 건국한
신진사대부들의 지배 이념이 되기도 합니다. 유가사상의 핵심은 개
인이든, 정치 지도자든 '군자(君子)'를 지향한다는 것입니다. '덕
성이 재주보다 나은 사람을 군자라 하고, 재주가 덕성보다 높은 사
람을 소인배라한다'는 말처럼 능력보다 인품이 더욱 중요하다는
논리입니다. 물론 이 말뜻에는 인품이 훌륭하면 능력도 출중하다
는 전제가 깔려 있습니다.

결국 유가사상에서 말하는 인재의 핵심은 바른 품성, 즉 '인성'입
니다. 인성 바른 사람이 당대가 원했던 가장 훌륭한 인재라는 것입
니다. 물론 이는 현대사회에서도 크게 다르지 않습니다. 인성이 매
우 중요하지만, 사람들은 이익을 우선합니다. 물질주의가 팽배해
질수록 양혜왕이 말했던 이로움을 많이 좇기 쉽습니다. 국가의 리
더들도 옳고 그름에 따라 판단하기보다 자신의 안위와 이익에 대
해서만 이야기합니다. 지역의 국회의원이나 지자체장, 기업의 대
표 등도 자신의 주민과 주주 등의 이익을 앞세우죠. 다른 사람의 이
익이나 공동선에 대해서는 큰 관심이 없다는 듯 말입니다.

하지만 지난 역사에서 한 나라가 흥하고 망하는 사례를 살펴보
면 사회 전체를 이기심과 욕망이 지배할 때는 꼭 국가가 멸망했습
니다. 연개소문이 죽은 고구려는 형제들의 분열로 내부에서부터

무너지기 시작했고, 귀족들의 향락과 사치에 빠졌던 백제는 백성들이 오히려 새로운 나라를 원하기도 했습니다. 산과 강을 경계로 삼을 만큼 어마어마한 토지를 소유했던 고려의 권문세족 또한 권세를 오래 유지하지 못하고 역사에서 사라져버렸습니다.

맹자는 군주의 자질을 이야기하면서 이런 말을 했습니다. "왕이 정치를 잘못해 백성들이 힘들고 죽게 만드는 건 몽둥이로 사람을 때려죽이는 것과 같다." 잘못된 판단으로 백성들을 힘들게 만들고, 또 자신의 잇속을 채우기 위해 의도적으로 국민을 힘들게 만드는 지도자는 살인자와 다름없다는 의미입니다. 내가 직접 잘못을 저지르지 않았더라도 내가 충분히 할 수 있는, 또는 해야 할 일을 하지 않음으로써 누군가에게 손해가 된다면 그것 역시 잘못이라는 것이 맹자의 이야기입니다.

만일 공자와 맹자가 이야기한 것처럼 이 세상 사람들이 모두 인의를 지키고 예를 실천하며 인성 바른 사람으로 살아간다면 법과 제도도 필요 없을 것입니다. 올곧은 품성에 따라 판단하고 행동하는 사람들만 있다면 그 사회는 저절로 돌아갈 것이기 때문입니다. 즉 유가사상이 꿈꿨던 이성적 인간은 '인성적 인간'이었던 셈입니다.

팍스 로마나 시대의 오픈마인드

· ·
· ·
·

    그리스와 중국은 같은 시기에 각각 폴리스와 춘추 전국 시대로 인문의 꽃을 피웠습니다. 그런데 더욱 흥미로운 사실은 동서양에서 또 다시 비슷한 시기에 거대한 제국이 출현했다는 것입니다. 서양에서는 로마가, 동양에선 진(秦)나라가 각각 강력한 국가를 형성하기 시작했습니다. 두 나라는 천하를 통일하고 대제국으로 발돋움합니다. 이들 모두 해당 문화권을 최초로 통일한 거대 왕국이라는 공통점을 갖고 있습니다. 하지만 역사에서 두 제국이 남긴 발자취는 사뭇 달랐습니다.

    진나라의 시황제는 영토뿐 아니라 백성들의 생각과 일상까지 통일하고 싶어 했습니다. 그런 의지는 학문과 사상에까지 뻗치며 화를 불렀습니다. 시황제가 문화와 제도까지 뜯어고치려 하자 과거

제자백가로 활동했던 선비들이 시황제의 정책을 비판하기 시작했습니다. 하지만 시황제는 당시 승상을 맡고 있던 이사(李斯, 미상 ~BC 208)의 제안을 받아들여 더욱 과격하게 통일을 밀어붙였습니다. 그것이 바로 '분서갱유(焚書坑儒)'입니다.

봉건시대엔 제후들의 전쟁이 끊이지 않아 천하가 어지러웠지만 이제는 통일이 돼 안정을 찾았습니다. 그러나 옛 책을 배운 사람들 중에 과거의 것만 옳다고 여겨 새로운 제도와 문화를 반대하는 이들이 있습니다. 실생활에 필요한 의약, 농업 등에 대한 실용서적과 진(秦)의 역사서 외에는 모두 불태워 없애버리소서.

이 제안에 따라 시황제는 진의 사상적 배경과 제도를 뒷받침하지 않는 모든 책들을 모아 불태웁니다. 이를 '분서(焚書)'라고 부르죠. 그 다음은 '갱유(坑儒)'입니다. 아방궁 건립 후 시황제는 불로장생을 연구하는 도인과 가까이 했는데 이때 일부가 황국의 재물을 빼돌리고 종적을 감췄습니다. 항간에서 이 일을 비판하는 사람들이 늘어나기 시작하자 대노한 시황제는 자신을 비난하는 유생을 모두 잡아 산 채로 구덩이에 묻었습니다. 당시 죽은 사람이 400명이 넘었다고 합니다. 이처럼 시황제의 공포정치는 갈수록 심해졌습니다.

불사를 꿈꿨던 시황제는 자신을 신과 동일시하며 강력한 군사력을 바탕으로 중앙집권체제를 구축해나갑니다. 그의 군대는 탄탄한 조직력과 엄격한 군기를 바탕으로 적군을 제압했습니다. 중국 시안의 진시황 무덤에서 발견된 실물 크기의 병마용 8,000개는 당시 진나라가 군사국가로서 얼마나 큰 위용을 자랑했는지 잘 보여줍니다. 하지만 진나라는 시황제로부터 불과 3대에 이르러 멸망하고 맙니다.

반면 로마는 어땠을까요? 진나라에 비해 통일의 시기는 조금 늦지만 끊임없이 제국을 확장해갔습니다. 그리고 1000년 제국의 역사를 이뤄냈습니다. 불과 3대 만에 멸망한 진나라와 달리 중세까지 서양 역사의 핵심을 차지할 수 있었던 로마의 비결은 무엇이었을까요?

국제평화연구소의 설립자 요한 갈퉁(Johan Galtung)은 그의 책 《제국주의의 구조(The Sturcture of Imperialism)》에서 제국이 성공하는 3가지의 조건을 제시합니다. 바로 군사력과 경제력, 문화력입니니다. 강력한 군대를 갖고 있되 주민들이 편히 먹고살 수 있는 경제력을 갖춰야 하고, 정신적으로 이들을 지배할 수 있는 문화적인 힘이 밑바탕이 되어야 한다는 것입니다. 바로 피지배민들의 마음을 얻어야만 진정한 제국이 완성된다는 설명입니다.

갈퉁의 주장을 바탕으로 생각해보면 진나라는 강력한 군사력과 경제력을 갖췄지만 세 번째 요소인 문화력을 갖추지 못했습니다. 시황제는 8,000개의 병마용이 있는 불가사의한 황릉을 조성하고 북방에 만리장성을 쌓을 만큼 엄청난 경제력을 지니고 있었습니다. 앞서 살펴본 것처럼 역대 최강의 군대 또한 갖고 있던 그였습니다.

그러나 시황제에게는, 그리고 진나라에는 문화력이 부족했습니다. 분서갱유로 대표되는 사상과 학문의 탄압으로 피지배민들의 마음에 원한과 분노를 강하게 키웠습니다. 개방적이지 못하고 관용을 베풀지 못하는 진나라의 정치체제도 문화력을 키우지 못한 요인 중 하나입니다.

반면 로마제국의 강력한 지배 도구는 로마군단만이 아니었습니다. 오히려 로마의 문화가 더 강력한 지배 도구였습니다. 만일 로마가 군사력과 경제력만 있고 문화의 힘이 없었다면 1000년 역사와 '팍스 로마나(Pax Romana)'를 이루지 못했을 것입니다. "로마는 하루아침에 만들어진 것이 아니다"라는 말처럼 오랜 세월 자신의 문화와 이민족의 문화가 결합돼 로마제국이라는 뛰어난 문화를 만들어낸 것이 오늘날 로마를 역사상 가장 위대한 제국 중의 하나로 꼽는 이유일 것입니다.

로마는 식민지를 건설할 때도 자국의 정치체제를 받아들이고 충성을 맹세하면 그 지역의 생활양식과 문화의 다양성을 존중했습니다. 특히 초기 로마가 제국을 건설해나갈 때에는 단순히 무력을 통한 군사적 정복 활동만을 하진 않았습니다. '동맹'과 '편입'을 통한 로마적인 정치 방식을 사용했습니다. 요약하자면 전쟁에서는 진나라가 이겼을지 모르지만 문화력에선 로마가 압승을 했다고 볼 수 있습니다.

이처럼 로마제국이 번성할 수 있던 것은 개방과 관용의 정신을 밑바탕으로 다양성을 중시하는 문화의 힘이 있었기 때문입니다. 1000년 제국의 로마가 멸망한 것은 바로 이런 로마 정신을 잃어버렸기 때문입니다. 중세시대의 종말을 장식한 십자군 전쟁은 이교도에 대한 탄압과 뿌리 깊게 박힌 선민의식 때문에 200년 동안 계속되었습니다. 결국 로마 교황청의 권위를 무너뜨리며 르네상스라는 새로운 시대로 대체됐습니다.

우리 앞에 펼쳐지고 있는 새로운 미래는 과학과 산업의 발전만이 전부가 아닙니다. 미래에는 기술이 곧 군사력이고 경제력이 될 것입니다. 하지만 기술이 발전하더라도 이를 뒷받침하는 문화력이 따라주지 않는다면 제 아무리 세계를 제패한 혁신기업과 패권국가라도 진나라처럼, 또 중세 말기의 로마처럼 멸망에 이르고 말 것입니다. 모두가 똑같은 생각을 하도록 강요받고, 너와 나의 다름이 틀림으로 인식될 때 우리는 다시 진나라의 분서갱유를, 크리스트교도의 십자군 전쟁을 겪게 될 수도 있습니다.

우리가 로마제국에서 배워야 할 미래 인재의 모습은 관용과 개방, 다양성을 갖는 일입니다. 로마가 식민국가의 문물을 받아들여 로마라는 용광로에 녹여낸 것처럼 우리도 문화적 다양성이 한데 어우러지는 다문화 감수성을 키워야 합니다. 다른 것을 받아들이고, 이를 다시 응용해 새로운 걸로 창조해내는 능력이 미래사회에 꼭 필요합니다. 과거 중국의 도자기를 받아들여 상감청자를 만들어낸 고려의 장인들처럼 미래는 융복합이 핵심 능력이 될 것입니다.

르네상스 시대의 만능 엔터테이너

· · ·

예수의 수난일(Good Friday · 부활절 직전의 금요일로 십자가에 못 박혀 죽은 날)을 하루 앞둔 목요일 밤 싸늘한 공포가 단테의 몸을 감쌌다. 삶의 의욕을 잃고 방황하던 서른다섯 중년의 단테는 어두운 숲길에서 길을 잃었다. 그리고 지금 그 앞에 나타난 것은 날카로운 이빨을 드러낸 세 마리의 야수다. 칠흑 같은 어둠을 뚫고 매섭게 솟아 나오는 야수의 눈빛은 그의 머릿속을 하얗게 만들었다. 야수는 사자와 표범, 그리고 늑대의 형상을 하고 있었다.

온몸이 마비되며 그의 눈과 귀가 얼어붙었을 때 저 멀리서 현인의 목소리가 들렸다. 고대 로마의 최고 시성이었던 베르길리우스였다. 현인의 온화한 음성은 야수를 길들였다. 위험에 빠진 단테를 구한 베르길리우스는 그에게 한 가지 제안을 했다. 일주일간 지옥과 천국으로 함께 여행을 떠나자는 것이었다. 삶의 회의에 가득 차 있던 단테는 그를 따라 미지의 세계로 발을 내딛었다.

위의 내용은 《신곡(神曲, Divina commedia)》의 첫 부분에서 주인공 단테가 겪은 상황을 재구성한 것입니다. 작품 속 주인공은 작가 자신인 단테(Alighieri Dante, 1265~1321)입니다. 중세 최고의 문학 작품 중 하나인 《신곡》은 지옥과 연옥, 천국 등 세 편으로 구성되어 있습니다. 시인이자 정치인이기도 했던 단테는 정파 싸움에 휘말려 반역죄를 뒤집어쓰고 화형에 처할 위기에 놓였습니다. 어쩔 수 없이 고향 피렌체를 떠난 단테는 21년간 유랑생활을 하며 《신곡》을 썼습니다.[17]

《신곡》에서 그가 만난 세 마리의 야수는 각각 폭력(사자), 정욕(표범), 탐욕(늑대)을 상징합니다. 현실 세계의 인간이 가장 빠져들기 쉬운 유혹들입니다. 당시 상황에선 이미 중년에 들어선 단테는 베르길리우스의 인도로 지옥과 연옥, 천국을 지나며 실제 역사적 인물들을 만납니다. 소크라테스와 플라톤 같은 현인들부터 역사를 주름잡았던 숱한 제왕과 예술가 등을 마주하죠. 그러나 그에게 가장 큰 깨달음을 준 순간은 지옥에서 야수의 유혹에 사로잡혀 삶을 탕진했던 이들이 겪고 있는 고통을 마주했던 때입니다.

지옥에서 단테는 제일 먼저 클레오파트라와 트리스탄처럼 정욕에 빠진 사람들의 모습을 봅니다. 이들은 거센 바람에 휩쓸려 이곳

---

[17] 어렵게 쓴 작품인 만큼 《신곡》에는 그의 모든 학문과 성찰이 담겨 있다. "단테와 셰익스피어가 세계를 양분한다. 둘 사이에 세 번째 인물은 없다"는 T. S. 엘리엇의 말처럼 서구문학사에서 단테는 매우 큰 비중을 차지한다. 특히 《신곡》은 호메로스의 《일리아스》, 《오디세이아》와 함께 양대 서사문학으로 통한다.

저곳 쓸려 다니는 형벌을 받고 있었습니다. 그들은 어느 한 곳에 정주하지 못하고 영원의 시간 동안 불안에 싸여 안정을 갈구합니다.

또 다른 지옥에서는 한 노인이 불 붙은 발을 동동거리며 벽에 난 구멍에 머리를 처박고 있는 광경을 보게 됩니다. 가까이 가서 그의 얼굴을 확인해보니 얼마 전 타계한 교황 니콜라우스 3세였습니다. 노인은 자신이 고성죄(뇌물을 받고 성직 등을 팔아먹는 죄)로 지옥에 떨어졌다고 고백합니다. 이어 다른 교황들도 같은 죄로 지옥에 올 거라고 확신합니다.

지옥의 중심에 가까이 오자 멀리서 악마 루시퍼가 얼음 위에 앉아 있는 모습이 보입니다. 앞으로 다가가 가만히 살펴보니 루시퍼는 세 사람의 머리를 물어뜯고 있었습니다. 세 명은 각각 예수를 배신한 가룟 유다, 그리고 카이사르를 배반한 브루투스와 카시우스였습니다. 단테는 이 장면을 가장 끔찍하고도 인상 깊게 묘사했습니다.

《신곡》은 총 세 편으로 이뤄졌지만 백미는 앞서 살펴본 지옥 편, '인페르노(Inferno)'입니다. 단테가 지옥을 생생하게 묘사한 이유는 당시 사람들은 천국보다 지옥에 관심이 많았기 때문입니다. 당시의 사람들이 교회를 통해 구원받고자 했던 건 천국에 가기를 원해서가 아니라 지옥의 불구덩이에 빠지지 않기 위해서였습니다.

천국의 기쁨보다 지옥의 고통이 사람들에게 더욱 가깝게 느껴졌습니다. 어떻게 하면 천국으로 갈 수 있을지를 고민하기보다는 지옥에 가지 않으려면 어떻게 해야 하는지에 더 관심이 많았습니다.

오늘날과는 정반대입니다. 만약 현대인들이 천국과 지옥을 믿는다면, 아마도 자신은 웬만하면 천국에 가까이 있다고 생각할 것입니다. 물론 중세인들이 현대인보다 악하기 때문에 이런 생각을 했던건 아닙니다. 중세라는 암울한 시대적 분위기가 당시 사람들에게 이런 의식을 심어준 것입니다.

중세인들은 이런 지옥에 갇히지 않기 위해 열심히 교회를 다녔고 종교적 의무를 실천했습니다. 또 한때는 돈으로 면죄를 받을 수 있다고 생각해 부자들은 면죄부를 사기도 했습니다. 덕분에 교회는 죄를 사한다는 명목으로 면죄부를 팔아 자신들의 배를 불렸습니다. 단테가 직전의 교황이었던 니콜라우스 3세를 지옥에서 만나게 된 것도 같은 이유입니다.

이처럼 《신곡》에 묘사된 중세는 어둡고 암울한 시대였습니다. 하나님의 뜻을 대리하는 교황은 세속의 권력까지 쥐고 현실 정치를 뒤흔들었습니다. 교리와 성서는 사람들의 일신을 구속하고 인간성의 자연스러운 발현을 막았습니다. 일반 사람들은 죄를 짓지 않고도 죄인인 듯 살아야 했지만, 귀족과 성직자들은 죄인이면서도 선인인 듯 행세했습니다.

또 십자군은 '성전(聖戰)'이라는 미명 아래 무수한 이교도들을 희생시켰고, 백성들은 자신의 삶과는 상관없는 전쟁을 위해 살과 뼈를 바쳐야 했습니다. 사회 곳곳이 모순과 부조리로 가득 차 있었지만, 그 누구도 문제가 있다거나 잘못이라고 말하기조차 어려운 시대였습니다.

이런 온갖 부조리와 잘못된 현실을 꼬집은 작품이 바로 《신곡》입니다. 《신곡》은 중세의 종말과 근대의 시작을 알리는 작품이었습니다. 《신곡》은 중세를 비판했다는 내용적 측면에서만 의미가 있는 것이 아닙니다. 라틴어가 아닌 모국어로 작품을 썼다는 점도 문학사적으로 큰 가치가 있습니다. 단테가 살았던 13세기 후반 주류 계층의 언어는 라틴어였습니다. 중세의 귀족과 지식인 등은 어려서부터 필수적으로 라틴어를 배웠습니다. 성경과 교리, 또 출판되는 책들의 다수는 라틴어로 쓰여 있었고, 교황청이 있는 로마가 세상의 중심을 이루고 있었듯 인간 언어와 문명의 본질은 라틴어에 있었습니다.

하지만 단테는 라틴어 대신 모국어인 피렌체어로 《신곡》을 썼습니다. 이는 마치 세종대왕이 한글을 창제한 직후에 선비들이 한자를 버리고 한글을 쓰는 것과 비슷한 일입니다. 라틴어가 아닌 언어로 작품을 썼다는 사실은 후대 작가들에게 큰 영감을 주었고 르네상스의 기틀이 되었습니다. 그가 있었기에 르네상스의 선구자였던 보카치오나 페트라르카도 나올 수 있었습니다. 이후 예술 작품은 지배계층의 전유물이 아니며 모든 대중이 쉽게 접할 수 있어야 한다는 의식이 생겨나기 시작했습니다.

"혈통이 노빌레(귀족, nobile)를 결정하는 게 아니라 고귀한 정신과 인품이 노빌레를 결정한다"는 단테의 말처럼, 《신곡》의 시대는 소수의 지배계층에서 다수의 대중으로, 또 신에서 인간으로 권력과 가치의 무게 중심이 옮겨가게 됩니다. 자신의 아버지가 누구이고 소유한 영지의 넓이가 얼마나 되느냐에 따라 한 사람의 가치가 결정되는 게 아니라 자신의 재능과 노력, 열정이 사람을 평가하는 기준이 된 것입니다.

이런 흐름 속에서 중세는 막을 내리고 르네상스라는 새로운 세상이 시작됩니다. 이 시기에는 특히 기존의 지배계층인 귀족과 달리 새로운 주류계층이 형성되기 시작했습니다. 바로 상인들입니다. 혈통이 좋지 않아도, 가난한 평민의 자손이라도 열정과 재능만 있으면 누구든 출세할 수 있었습니다. 고리대금업자 샤일록의 이야기가 나오는 《베니스의 상인》에서처럼 돈만 있으면 누구든 주류가 될 수 있던 시대였습니다.

하지만 이들은 귀족과는 문화와 의식적 측면에선 차이가 있을 수밖에 없었습니다. 물질적 부는 갖추었지만 귀족의 고상함과는 거리가 멀었으니까요. 돈이 많으면 사회의 주류로 들어갈 수 있었지만 귀족이 가졌던 고귀한 품격까지 저절로 얻게 되는 건 아니었습니다. 그래서 상인들은 최초의 대학인 볼로냐대학처럼 학문과 연구의 공간을 만들었고, 그 안에서 지식과 교양을 쌓기 시작했습니다. 또 오래된 미술품을 사 모으고, 예술가들을 지원하며 문화적 소양을 높여갔습니다.

이 시기에 등장한 대표적 가문이 메디치 가문입니다. 이들은 14세기 상업혁명 초기에 은행업에 뛰어들어 큰 부를 축적했습니다. 그중에서도 조반니 디 비치 데 메디치(Giovanni di Bicci de' Medici, 1360~1429)는 피렌체에 메디치 은행을 세우고 교황의 자금을 관리하면서 피렌체의 최상위 계층으로 발돋움했습니다. 특히 그의 아들 코시모 메디치(Cosimo de' Medici, 1389~1464)가 가업을 물려받았을 쯤엔 메디치 은행이 유럽 곳곳으로 퍼져 나가던 시기 였습니다. 혹자는 당시 유럽의 부 중 절반이 메디치 은행에 속해 있었다고도 합니다.

부유한 가문 출신에 덕망까지 높았던 코시모는 1435년 피렌체 공화국의 실질적 통치자이자 오늘날의 총리에 해당하는 '곤팔로니에레(Gonfaloniere)'의 위치에 오르며 부와 권력, 명예를 모두 손에 쥐게 된 것입니다. 같은 시대를 살았던 《군주론》의 저자 니콜로 마키아벨리(Niccolò Machiavelli)도 코시모에 대해 "매우 사려 깊은 사람이다. 예의 바르고 덕망이 높다. 부자이면서도 검소하고 소탈했다. 국정에도 통달해 어지러운 피렌체를 평화롭게 지배했다"고 평가했습니다.

코시모는 '아카데미아 플라토니카(accademia platonica)'라는 연구기관을 만들었는데, 이곳은 르네상스 시기 최고의 인문·예술 연구의 산실이었습니다. 최초의 교육기관인 플라톤의 '아카데미아'에서 이름을 따온 것에서도 알 수 있듯이 이곳에서는 주로 그리스의 고전을 연구했습니다. 메디치 가문이 유럽 전역에서 사 모은 예술품과 고전 문헌 등은 모두 이곳에 모였고 당시 최고의 인재들이 이를 다시 해석해 세상에 내놓았습니다. 다시 말해 이곳이 유럽 문명의 심장부였던 셈입니다.

이처럼 메디치 가문은 재능과 열정이 있는 사람들을 전폭적으로 지원했습니다. 레오나르도 다빈치(Leonardo da Vinci), 미켈란젤로 부오나로티(Michelangelo Buonarroti) 같은 당대 최고의 예술가와 갈릴레오 갈릴레이(Galileo Galilei) 같은 과학자와 지식인들이 이들의 지원을 받아 성장할 수 있었습니다. 그들 자신이 그러했듯 집안과 가문이 아니라 자신의 재능과 능력으로 출세할 수 있는 시대정신을 만들어낸 것입니다.

메디치 가문의 주도로 형성된 학문과 예술의 흐름은 15세기 구텐베르크가 발명한 인쇄술과 결합되어 유럽 전체로 퍼져나갔습니다. 이는 문자의 발견에 준하는 '지식혁명'이었습니다. 데이터 연구의 권위자인 마이크로소프트의 피터 리 부사장은 "구텐베르크의 인쇄술 발명 후 유럽 전역에 있던 성경책의 숫자가 3만 권에서 1,200만 권 이상으로 늘었다"라고 설명합니다. 더 이상 교회는 사람의 정신을, 왕정은 인간의 신체를 구속할 수 없는 시대가 열린 것입니다.

이런 일련의 흐름 속에 르네상스 시기 이탈리아에는 과거 그리스 시대처럼 인간에게 자유가 찾아왔습니다. 재능만 있으면 누구나 출세할 수 있던 시기였기에 어두웠던 중세와 달리 풍성한 인문학의 꽃이 피었습니다. 그러나 당시는 지금처럼 학문이 세분화되기 전이었죠. 그때문에 많은 지식인과 예술가 등이 다양한 분야를 섭렵하고 다방면에서 재능을 발휘할 수 있었습니다.

대표적인 인물이 레오나르도 다빈치입니다. 다빈치는 〈모나리자〉, 〈최후의 만찬〉 같은 걸작을 그린 화가인 동시에 수학자, 천문학자, 물리학자, 해부학자였습니다. 또 리라 다 브라초(Lira da braccio)라는 현대 바이올린의 모태가 된 악기를 맛깔나게 다루는 훌륭한 연주자였으며, 당대 최고의 건축가였습니다.

다양한 분야의 지식에서 오는 영감은 그를 미래로 이끌었습니다. 새가 나는 모습을 관찰하면서 쓴 《새들의 비행에 관해》(1505)는 훗날 라이트 형제가 비행기를 발명하는 모티브가 되기도 했습니다. 비행기의 양 날개가 새의 날개를 모방했다는 건 누구나 아는 사실이죠. 그런데 다빈치가 이 책을 쓴 건 라이트 형제가 비행기를 만들기 무려 400년 전의 일입니다. 새의 날개엔 오늘날 비행기에 적용되는 '베르누이의 법칙'이 반영되어 있습니다.

이는 공기가 빠르게 지나가면 압력이 감소하고, 느리게 움직이면 압력이 증가한다는 이론입니다. 새의 날개처럼 윗부분이 곡선을 띠면 유속이 빨라져 압력이 낮아지고, 평평한 아래 부분은 유속이 느려 압력이 높아진다는 것입니다. 이때 날개 아래의 높은 압력이 날개를 위로 밀면서 하늘에 뜨게 된다는 원리입니다. 이탈리아의 관문 로마 국제공항의 이름을 '레오나르도 다빈치 공항'이라고 한 것도 비행기의 원초적 아이디어를 제공한 다빈치의 업적 때문입니다.

이처럼 다양한 업적 때문에 현대 사회에서도 다재다능한 사람을 일컬어 '다빈치형 인재'라고 부릅니다. 그런데 르네상스 시대의 만능 엔터테이너는 다빈치만이 아니었습니다. 다비드상으로 유명한 미켈란젤로 역시 조각가이자 건축가였습니다. 〈아테네 학당〉을 그린 라파엘로(Raffaello Sanzio)는 철학과 역사에 조예가 깊었고, '그래도 지구는 돈다'는 말로 유명한 천문학자 갈릴레이는 수학자이자 물리학자였습니다. 그는 또 메디치 가문 전속 연구자로 고대 그리스 연구에 정통한 고전학자이기도 했습니다.

르네상스는 암울했던 중세가 끝남과 동시에 인간의 재능과 정신이 봇물 터지듯 부흥을 일으키던 시기였습니다. 그 안에서 인간은 자유로움을 추구하며 다양한 분야를 연구하고 새로운 업적을 쌓으며 문명의 발전을 이루어냈습니다. 즉 르네상스가 원했던, 근대의 시작이 꿈꿨던 인재상은 융복합 능력이 뛰어나고 다양한 방면에 관심과 열정을 쏟을 수 있는 '만능 엔터테이너'였던 셈입니다.

조선 시대의 노블레스 오블리주

14세기 후반 고려는 대들보가 썩어 들어간 오래된 집과 같았습니다. 원나라를 등에 업고 권력과 부를 독차지한 권문세족은 과거(科擧)가 아닌 음서(蔭敍)를 통해 벼슬을 대물림했을 뿐만 아니라 무력을 이용해 빼앗은 백성들의 토지를 세습하며 거대한 부를 축적했습니다. 권문세족의 착취는 갈수록 극심해졌고 백성들의 삶은 비참하기 짝이 없었습니다.

이때 속살까지 썩어 들어간 고려를 개혁해보겠다는 이들이 등장합니다. 포은 정몽주(鄭夢周, 1337~1392)와 삼봉 정도전(鄭道傳, 1342~1398) 같은 이른바 '신진사대부'가 바로 그들입니다. 정몽주가 정도전보다 다섯 살 위였지만 두 사람은 막역지우(莫逆之友)였습니다. 함께 성리학을 공부했고, 또 새로운 세상을 설계했습니다.

이들이 꿈꾼 세상은 지도자가 애민의 마음으로 백성을 섬기고 모든 이들이 자신의 위치에서 제 역할을 다 하는 '노블레스 오블리주'의 사회였습니다. 조선의 인재상을 말하면서 고려말과 정몽주, 정도전을 이야기하는 이유는 이들이 꿈꿨던 세상이 곧 조선의 이상향이었기 때문입니다. 즉, 조선을 설계한 사람이 바로 이 두 사람이라는 의미입니다. 다만 고려의 전복을 반대했던 정몽주는 최후의 고려인으로 남았고, 정도전은 역성혁명을 이끌며 최초의 조선인이 되었을 뿐, 두 사람의 이념엔 큰 차이가 없었습니다.

두 사람이 처음 만난 곳이 목은 이색(李穡, 1328~1396)의 학당이었습니다. 1367년 성균관 대사성을 지낸 이색은 고려 말 혼란한 사회의 새로운 규범으로 송나라의 주자가 완성한 성리학을 들여왔습니다. 이미 그의 문하에는 수십 명의 유생들이 과거 시험을 앞두고 매진하고 있었는데, 그중 탁월한 재능을 보인 이가 정도전이었습니다. 조부가 지방 향리였던 정도전은 출신성분에 따라 서열이 엄격했던 고려사회에서 철저한 '비주류'였습니다.

비슷한 시기에 이미 과거를 통해 공직에 진출한 정몽주는 이색과 교류하며 성리학을 연구했습니다. 특히 주자의 성리학뿐 아니라 공자와 맹자의 사상을 직접 자신의 것으로 해석하며 자신의 정치 철학을 완성해나갔습니다. 과거에 장원급제했던 정몽주는 당시 기득권이던 권문세족에 대항하는 신진사대부를 대표하는 인물이었습니다.[18]

이색의 소개로 처음 만난 정몽주와 정도전은 물을 만난 고기처럼 서로를 끌어당겼습니다. 다섯 살의 나이 차가 무색하게 두 사람은 금세 친구가 됐습니다. 정도전에게 맹자를 처음 소개한 사람도 정몽주였습니다. 이때 맹자를 처음 접한 정도전은 훗날 맹자 이론을 토대로 역성혁명의 기틀을 다집니다. 고려를 무너뜨리고 새 나라를 건설하려 했던 정도전의 아이디어가 끝까지 고려를 지키고자 했던 정몽주를 통해 나왔다는 게 아이러니합니다.

하지만 두 사람의 지향점은 같았습니다. 바로 '민본(民本)'이었죠. 백성을 사랑하고 이들을 위한 사회 시스템을 만드는 것이 이들의 공통된 목표였습니다. 이런 생각은 정도전이 좀 더 강했습니다. 두 사람이 걸었던 길이 너무나 달랐던 까닭입니다. 정몽주는 처음부터 끝까지 엘리트의 길을 걸었습니다. 하지만 정도전은 고려라는 사회에서 한 번도 주류가 된 적이 없었습니다. 주류 계층의 눈밖에 난 그는 여러 번 귀양과 유랑 생활을 해야 했습니다.

1375년 첫 귀양길에 오른 정도전은 당장이라도 쓰러질 것 같은 허름한 초가에 살며 백성들의 민낯을 보게 됩니다. 1377년 유배에서 풀려난 뒤에도 4년 동안 전국을 유랑했습니다. 스스로 밭을 갈아 농사를 짓기도 하고 걸인 같은 삶은 살기도 했습니다. 정도전이 설계한 조선은 철저히 이런 현장의 경험과 백성들의 목소리를 통해 나온 것이었습니다. 직접 두 눈을 부릅뜨고 오랜 가난과 귀족들의 횡포로 죽어가는 백성들을 보면서 정도전은 '민본'을 꿈꿨습니

---

18) 이색은 자신의 책 《목은집》에서 정몽주를 '동방이학지조(東方理學之祖)'라고 칭했다. 동방에선 성리학으로 정몽주를 따라올 사람이 없다는 이야기였다.

다. 그렇게 10여 년 간 귀양과 유랑을 반복한 정도전은 조선이라는 새로운 이상을 품게 되었습니다. 그리고 1384년 정도전은 이성계를 찾아갑니다. 자신의 꿈을 이루기 위해선 힘이 필요했기때문이죠. 당시 이성계는 함경도에서 여진족의 토벌을 책임지는 동북면도지휘사를 맡고 있었습니다. 한양에서 멀리 떨어져 있던 탓도 있었지만 이성계의 자체 군사력은 조정도 무시할 수 없을 만큼 규모가 컸습니다. 그렇게 혁명의 불길은 타올랐습니다.

훗날 이방원의 사주로 정몽주는 선죽교에서 피를 흘리며 쓰러졌지만, 그의 사상과 철학은 고스란히 정도전에게 이어졌습니다. 그런 사상의 총체가 바로 《조선경국전(朝鮮經國典)》입니다. 건국 3년째인 1394년 정도전은 조선 최초의 헌법인 《조선경국전》을 임금에게 지어 바쳤습니다. 당시만 해도 왕명이 곧 법이었던 시절이기에 이런 행동은 큰 미움을 살 만큼 위험한 행동이었죠. 그러나 정도전은 '애민(愛民)'을 통한 '왕도정치(王道政治)'를 구현하기 위해선 법전이 꼭 필요하다고 생각했습니다.

정도전과 정몽주의 생각이 일치했던 건 이 부분입니다. 지난 역사를 되돌아보건대 훌륭한 왕이 있을 땐 나라가 편안했지만, 성군은 늘 존재하는 게 아니었습니다. 하지만 신하는 달랐습니다. 수많은 인재 중에서 인품과 능력을 갖춘 사람을 골라 쓸 수 있기 때문에 정치는 신권을 중심으로 이뤄져야 한다고 생각했습니다. 또한 어릴 적부터 왕의 혈통을 가진 이에게 성리학 이념으로 왕도를 가르쳐 성군을 길러낼 수 있다고 생각했습니다. 이를 실현하기 위해선 법전이 필요했던 것입니다.

권력 분점에 중점을 두고 만들어진 《조선경국전》은 이전에는 상상도 못 했던 새로운 제도들이 담겨 있었습니다. 특히 왕권과 신권의 견제를 통한 시스템 정치를 강조했는데, 모든 중대사는 임금과 신하가 논의해 결정하도록 했습니다. 왕은 사유재산을 가질 수 없었으며 주요한 지출은 모두 재상에게 보고하도록 했습니다. 오늘날과 직접 비교하는 건 무리겠지만, 현대 민주주의 권력 분립의 정신과 견줘봐도 손색이 없을 정도입니다. 또 왕은 경연을 통해 오랫동안 유교 철학을 익혀야 했고, 신하들과 모든 일을 토론하며 의사결정을 해야 했습니다. 《조선경국전》은 훗날 후대 학자들의 손을 거쳐 1485년 성종 때 《경국대전(經國大典)》으로 완성됩니다.

그렇다면 조선의 성리학이 지향했던 인재상은 무엇이었을까요? 다시 말해 조선을 설계한 정도전과 그에게 사상적 영향을 미친 정몽주가 꿈꾼 인재는 어떤 모습일까요? 이들은 조선이 덕(德)으로 다스러지는 나라가 되길 원했습니다. 여기서 덕은 공자와 맹자가 말한 '인의예지(仁義禮智)'입니다. 이런 정신을 강조하기 위해 정도전은 한양을 도읍으로 정하고 동서남북의 중심에 사대문을 만들면서 '인의예지'를 넣어 이름을 지었습니다.[19]

이처럼 조선의 인재는 '인의예지'의 덕을 갖춘 군자입니다. 군자는 민본을 따르고 백성을 사랑할 수 있어야(愛民) 합니다. 능력과 명성을 갖추기 전에 스스로 고결한 인품을 쌓아야 한다는 이야기입니다. '수신(修身)'이 없으면 '제가(齊家)'를 할 수 없고 '치국(治國)'은 더욱 불가능하다는 게 조선 인재 철학의 핵심입니다.

이를 요즘 말로 하면 '노블레스 오블리주' 즉, 각자 자신이 처한 위치에서 본인의 책무를 다하는 것을 말합니다. 왕은 왕다워야 하고, 신하는 신하다워야 하며, 남편은 남편답고, 아내는 아내답게 생각하고 행동해야 합니다. 이는 공자의 '정명사상(正名思想)'과도 일맥상통하는 것으로, 훗날 반상의 구분과 남녀를 차별하는 논리가 되기도 했지만 기본 정신 자체는 우리가 새겨들어야 할 것이 많습니다. 아리스토텔레스가 말한 '아레테(arete)', 즉 잠재적 가능성으로서의 덕을 실현하는 것도 같은 맥락입니다.

이를 극명하게 대조해 보여주는 사례가 선조와 이순신입니다. 1592년 4월13일 고니시 유키나가를 선봉으로 한 왜군이 조선을 침략하자 조정에서 가장 먼저 한 일은 피난 가는 것이었습니다. 왕이 버린 도성 한양은 개전 20일 만에 함락됐습니다. 부산포에서 한양까지 꾸불꾸불한 산길을 따라 그냥 걸어도 20일은 족히 걸릴 만한 거리입니다. 그만큼 왜군은 파죽지세로 조선을 짓밟았습니다.

더욱 가관은 1592년 5월 1일 류성룡의 기록입니다. 임진나루에 도착한 선조가 "명나라에 내부(內附)하겠다"고 선언합니다. '내부'는 한 나라가 다른 나라 안으로 들어가 붙는다는 뜻입니다. 즉,

---

19) '인(仁)'은 동쪽의 흥인지문(興仁之門), '의(義)'는 서쪽의 돈의문(敦義門), '예(禮)'는 남쪽의 숭례문(崇禮門), '지(知)'는 북쪽의 숙정문(肅靖門)이다. 숙정문의 '정(靖)'은 꾀를 뜻하는 말로 당시 조선에선 '지'와 비슷한 의미로 쓰였다. 또 도성의 한복판에는 보신각(普信閣)을 지어 '신(信)'을 강조했다. 이처럼 공자와 맹자가 이야기했던 군자의 조건을 사대문의 이름에 넣을 만큼 조선이 지향하는 가치는 명확했다.

조선 땅을 버리고 중국으로 건너가겠다는 이야기입니다. 그때 류성룡은 선조 앞에 엎드려 간언합니다.

> 임금께서 우리 땅에서 한 발자국이라도 떠나신다면, 그 때부터 조선은 우리 땅이 아닙니다. 임금은 더 이상 조선의 임금 또한 이닐 것입니다.

결국 선조는 조선을 떠나지 못했습니다. 다행히 며칠 후 왜군과의 전쟁에서 첫 승전을 거두었다는 소식이 들려옵니다. 옥포(경남 거제)에서 이순신이 크게 승리했다는 소식이었습니다. 전쟁이 끝날 때까지 '23전 23승'을 거둔 이순신 신화를 연 첫 승전보였습니다. 이후 이순신은 해전에서 왜군의 보급로를 철저히 끊으며 전쟁의 지속력을 약화시킵니다. 보급이 제대로 이루어지지 않은 왜군은 계속해서 싸우기가 어려운 상태가 되었습니다.

이순신의 승전보가 계속되면서 선조는 마음 한편에는 불안감이 싹트기 시작했습니다. 이순신이 각종 전투에서 연승을 이어가며 백성들의 신망을 높게 얻은 반면, 자신은 전쟁 직후 도성을 버리고 떠난 비겁한 왕이 되어버린 것입니다. 또 전쟁의 책임을 아들인 광해에게 넘기고 부랴부랴 도망친 무능한 군주로 인식되기도 했습니다. 그러니 백성들이 자신에게 신뢰를 줄 리 만무하다 생각했습니다. 이런 상황에서 선조는 이순신이 모반을 일으킬지도 모른다는 두려움과 열등감을 갖게 되었습니다. 선조가 보내는 의심의 눈길 속에 이순신은 전쟁이 채 끝나기도 전에 모함을 받고 옥에 갇히게 됩니다.

명나라와 강화협상이 진행되는 동안 진격을 멈추었던 왜군은 1597년 다시 정유재란을 일으킵니다. 칠천량에서 원균이 속수무책으로 당하자 선조는 다시 이순신을 불러들입니다. 이순신은 서운한 내색 한 번 비치지 않고 곧장 전장으로 향했습니다. 선조는 수군을 해체하고 육군으로 편입하라는 무모한 지시까지 했지만, 이순신은 궤멸되다시피 한 수군을 정비해 왜적과 맞서 싸웠고 명량의 대승을 이끌어냈습니다. 당시 백성들은 이순신이 진을 치는 곳을 자발적으로 따라다녔습니다. 왕은 못 믿어도 이순신은 자신들을 지켜주리라는 믿음이 있었기 때문입니다.

노블레스 오블리주의 관점에서 볼 때 선조에게는 노블레스만 있을 뿐이었고, 이순신은 마땅한 노블레스조차 인정받지 못했지만 혼신의 힘을 다해 오블리주를 실천했습니다. 오늘날 성웅 이순신이 성군 세종과 더불어 우리 역사의 유일한 '성인'으로 추앙받는 이유도 이 때문입니다. 역사 속 수많은 위인들이 있지만 서울 광화문 광장에 모셔놓은 이는 딱 두 분뿐입니다. 그리고 그 분들 앞에만 '성(聖, saint)'이라는 호칭을 붙입니다.

요약하면 조선시대의 인재상은 내면의 덕을 쌓아 바른 품성을 기르고, 일을 행동으로 옮겨 실천하는 사람이었습니다. 자신의 이름과 명성에 걸맞은 책임과 의무를 다하고 솔선수범하는 사람, 공동체를 아끼고 타인을 위해 헌신할 수 있는 '노블레스 오블리주의 군자'가 조선이 꿈꿨던 최고의 인재상이었습니다.

대항해 시대의 챌린저십

흔히 본격적인 세계사의 시작은 16세기 전후 대항해 시대가 열린 시기라고 봅니다. 그 전에도 동서양 간의 교류는 있었지만, 진짜 세계가 하나로 인식되기 시작한 건 이때부터였습니다. 물론 바닷길을 통한 유럽인들의 대탐험은 원주민에 대한 학살과 훗날 제국주의 팽창의 토대가 된다는 점에서 부정적인 면이 있습니다. 하지만 대항해 시대는 지구가 둥글다는 것을 증명했고, 유럽인들의 아메리카 대륙 발견으로 세계가 하나의 시장으로 묶이기 시작했다는 점에서 특별한 의미를 갖습니다.

처음 대항해 시대의 불을 지핀 것은 향신료였습니다. 특히 후추가 중요한 역할을 했습니다. 인도에서 들여온 후추는 당시 유럽인들에게 큰 사랑을 받았지만, 인도에서 이슬람과 베네치아를 통해 독점 무역으로 유럽에 들어오는 향신료는 매우 값비싸고 진귀한 물건이었습니다. 그마저도 오스만 제국의 성립으로 무역길이 막히면서 후추를 구하는 것은 더욱 어려워졌습니다. 이때 사람들의 마음을 움직인 것이 바로 '지동설'이었습니다. 지구가 태양을 돈다, 즉 지구는 둥글다는 믿음은 육로뿐 아니라 바다를 통해서도 인도로 갈 수 있다는 생각의 근거가 되어주었습니다.

처음 포문을 연 것은 포르투갈이었습니다. 유럽의 변방에 위치했던 포르투갈은 최대의 무역권이었던 지중해 끝자락에 있었기에 상업의 주류로 편입될 수 없었습니다. 또한 농사를 짓기에 좋은 토양도 갖추고 있지 못하여 무역을 통한 발전만이 살 길이었습니다. 결국 지중해를 포기한 포르투갈은 대서양을 돌아 새로운 무역로를 확보하는 방법을 선택하게 됩니다.

대항해 시대의 또 다른 축은 스페인입니다. 포르투갈과 달리 스페인은 지중해 무역의 패권을 놓고 이탈리아와 경쟁하던 나라였습니다. 스페인의 아라곤 왕국은 이탈리아 도시국가인 시칠리아와 나폴리를 장악하며 해상 주도권을 노렸습니다. 이후 스페인은 베네치아, 제노바 등과 경쟁하며 해상 강국으로 발돋움했습니다. 그러나 오스만 제국의 세력이 지중해로 뻗어 나오면서 지중해 무역을 장악했던 국가의 세력은 급속하게 위축되기 시작했고, 지중해 국가들의 해상무역권이 오스만 제국으로 넘어가면서 스페인 역시 다른 항로를 찾아야 했습니다. 하지만 그때는 이미 포르투갈이 인도를 향해 해상 루트를 개발하기 시작한 때였습니다. 포르투갈에 뒤처져서는 안 된다고 생각한 스페인은 서둘러 신항로 개척에 나섰습니다.

1488년 바르톨로뮤 디아스(Bartolomeu Dias)가 아프리카 최남단 희망봉을 발견하면서 포르투갈이 먼저 해상의 패권을 선점합니다. 이후에 스페인 함선의 선장 크리스토퍼 콜럼버스(Christopher Columbus)는 포르투갈보다 먼저 인도 항로를 개척하기 위해 닻을 올립니다. 1492년 콜럼버스는 결국 새로운 땅을 발견했지만 그곳은 인도가 아니라 아메리카 대륙의 동부 연안인 바하마 제도였습니다. 하지만 죽을 때까지도 콜럼버스는 그곳이 인도라고 생각했습니다.

처음 목표대로 대서양으로 나가 아프리카를 돌아서 인도로 가는 신항로를 개척한 사람은 1498년 포르투갈의 바스코 다 가마(Vasco da Gama)였습니다. 이후 1519년 스페인을 출발한 마젤란이 남아메리카와 괌, 필리핀을 돌아 스페인에 돌아오면서 최초의 세계일주 기록을 세웠습니다. 비록 마젤란(Ferdinand Magellan)은 필리핀 원주민의 손에 의해 죽음을 맞지만 그의 함대는 3년 만에 지구를 한 바퀴 돌아 귀국했고, 이때부터 진정한 세계사가 펼쳐졌다고 볼 수 있습니다.

한 가지 흥미로운 점은 르네상스로 유럽의 근세를 알린 이탈리아가 대항해 시대의 조연자리조차 꿰차지 못했다는 사실입니다. 앞서 살펴본 것처럼 신항로 개척의 일등공신은 스페인과 포르투갈이었습니다. 대항해 시대의 탐험 덕분에 스페인과 포르투갈은 해상 패권을 장악했고 남아메리카는 지금도 이들의 언어와 문화가 상당 부분 계속 이어지고 있습니다.

신대륙을 발견한 스페인은 막대한 양의 금과 은을 독점해 강대국이 되었습니다. 100년이 지난 뒤엔 뒤늦게 해양국가 반열에 오른 영국과 네덜란드도 앞서 개척한 신항로를 토대로 또 다른 패권국의 지위를 얻었습니다. 하지만 지중해 무역에만 의존했던 이탈리아의 도시국가들은 쇠퇴의 길을 걷기 시작합니다. 새로운 시대에 적응하지 못하고 과거의 부귀영화만 기억하는 나이 든 노인처럼 변해간 것입니다.

대항해 시대에서 이탈리아가 주연이 되지 못했던 것은 아이러니하게도 그들이 너무 '잘살았기' 때문입니다. 앞서 살펴본 것처럼 당시 이탈리아는 유럽 금융의 중심지였고, 상업의 요충지였습니다. 그 덕분에 다른 나라에 비해 물자와 인력이 넘쳐났고, 스페인과 포르투갈처럼 새로운 도전과 탐험을 해야 한다는 절실함이 부족할 수밖에 없었습니다. 요즘 표현대로 하면 소위 '헝그리 정신'이 부족했던 것입니다.

아이러니하게도 정작 해상국가들의 번영과 이탈리라의 쇠망을 가져온 이들은 이탈리아인들이었습니다. 대항해 시대의 주인공 중 한 명인 콜럼버스는 스페인의 함대를 이끌고 바다에 나갔지만, 이탈리아의 도시국가 중 하나인 제노바 공국 사람이었습니다. 또 콜럼버스 이후에 아메리카 대륙을 발견하고 그곳을 인도가 아닌 새로운 대륙이라고 처음 인식한 사람, 심지어 자신의 이름을 따 대륙의 명칭까지 붙인 아메리고 베스푸치(Amerigo Vespucci) 역시 콜럼버스와 같은 지역의 사람이었습니다. 처음으로 북아메리카에 발

을 디딘 존 캐벗(조반니 카보트 · John Cabot)도 이탈리아 베네치아의 무역상이었습니다.[20]

이처럼 대항해 시대를 이끈 나라는 이탈리아는 아니었지만 그 주인공은 이탈리아인이었습니다. 스페인과 포르투갈이 국가적 차원에서 이들의 항해를 지원한 것은 사실이지만 새로운 세상을 열기 위한 '챌린저십(도전정신)'은 이탈리아인에게서 나왔다 해도 과언이 아닙니다. 그렇다면 이탈리아인이 이렇게 대항해 시대에 두각을 나타냈던 이유는 무엇일까요? 그것은 이들이 당대 유럽에서 가장 높은 지식과 기술을 보유했기 때문입니다. 당시 이탈리아는 활발한 무역으로 거대한 부를 쌓았고 르네상스를 통해 발달된 학문과 과학을 가지고 있었습니다.

무역을 통한 상호교류로 지식혁명을 이루어낸 이탈리아인은 최초의 '세계인'이었던 셈입니다. 또 하나의 이탈리아인 마르코폴로가 쓴《동방견문록》같은 책들은 다른 나라와 문명에 대한 호기심을 갖게 만들기도 했습니다. 인도를 발견하겠다던 콜럼버스 역시 마르코폴로에게서 많은 영감을 받아서 멀리 항해를 나갈 때면 꼭 마르코폴로의 책을 가지고 갔다고 합니다.

문명이 발전하는 것은 혼자만의 힘으론 어려운 일입니다. 서로 다른 문화와 물자, 인력이 교차할 때 비로소 새로운 문명이 탄생할 수 있습니다. 대항해 시대가 세계사의 첫 페이지를 열었다는 것도 같은 이유입니다. 서로를 자극하고 변화시키는 사이에 문명은 한 단계 높은 곳으로 올라갈 수 있습니다.

이탈리아인이 문명 탐구에 적극적일 수 있던 이유도 그들의 지식이 이전 시대와는 비교할 수 없을 정도로 커졌기 때문입니다. 갈릴레이의 이론에 따라 지구가 둥글다는 것을 알게 되었고, 상인들이 이슬람에서 들어온 나침반으로 망망대해에서도 길을 잃지 않을 수 있었습니다. 발전한 과학기술과 새로운 세상에 대한 지적 욕구가 그들을 대탐험의 시대로 나아가게 만든 것입니다.

지리를 넓히는 것은 곧 인간의 견문을 확장하는 과정입니다. '아는 만큼 세상이 보인다'는 말처럼 16세기 이탈리아와 스페인, 포르투갈 그리고 그 뒤를 이어 세계를 탐험하고자 했던 영국과 네덜란드의 유럽 사람들은 더 넓은 세상을 꿈꾸게 됐고 인식의 혁명을 가져왔습니다. 전쟁이 끝나고 20세기 중반에 이르러서야 비로소 세계무대에 나선 한국과 달리 이들은 일찌감치 도전정신을 가지고 탐험을 실천하며 그들 중심의 세계사를 만들어나갔습니다.

르네상스 이후 대항해 시대의 '챌린저십'은 유럽인의 DNA에 남아 전 세계를 무대로 한 모험을 시작했습니다. 이런 흐름은 미국 서부 개척 시대의 '프론티어(개척자)' 정신으로 이어지게 됩니다. 물론 그 이후 이들의 지나친 개척정신은 제국주의의 팽창이라는 잘못된 역사로 흐르기도 하지만, 그들의 도전정신이 유럽의 근대를 발전시킨 최고의 동력이 되었다는 것은 부인할 수 없는 사실입니다.

---

20)콜럼버스의 경쟁자이기도 했던 캐벗은 지구가 둥글다고 믿고 콜럼버스보다 빨리 신항로를 개척하기 위해 북해 연안에서 출항했다. 당시에 지팡구라고 불리던 지금의 일본까지 가는 것이 그의 목표였다. 하지만 그가 도착한 곳은 뉴펀들랜드 근해였고, 캐벗은 그곳이 중국이라고 믿은 채 신대륙에서 사망했다.

산업화 시대의 IQ

"전문가는 많은데 지식인은 없다."

현재 유럽에서 가장 주목 받는 철학자 중 한 명인 슬라보예 지젝(Slavoj Žižek)의 말입니다. 2013년 한국을 방문했던 그는 현대 사회의 문제점을 지적하며 이 같은 말을 했습니다. 그렇다면 전문가와 지식인의 차이점은 무엇일까요?

현대 사회에는 전문가들이 넘쳐납니다. 전문가란 한 분야를 깊게 공부해 다른 사람이 감히 범접하기 힘들 만큼 수준 높은 지식을 갖춘 사람들을 말합니다. 이들은 어떤 문제가 발생하면 바로 해답을 내놓곤 합니다. 그래서 갈등과 분쟁이 생겼을 때 우리는 전문가를 찾고, 그들은 기대했던 대로 뚝딱 하고 해결책을 내놓습니다.

그런데 이런 전문가가 많은 것이 왜 문제일까요? 문제는 전문가가 많은 것이 아니라 전문가만큼 지식인이 없다는 것입니다. 앞서 말했듯이 전문가는 문제를 해결하는 사람입니다. 반면 지식인은 문제를 내는 사람입니다. 사회 혼란과 갈등이 발생했을 때 섣불리 대답을 하기보다는 먼저 그런 문제가 발생한 원인은 무엇이고, 그 문제를 어떤 시각으로 바라봐야 하는지 의문을 제기하는 사람이 바로 지식인입니다.

요약해서 말하면 전문가는 해당 분야에서 드러난 문제를 즉각적으로 푸는 사람이고, 지식인은 특정 분야를 넘어서 사회 전반의 부조리와 모순을 지적하는 사람입니다. 이런 의미에서 지젝은 현대 사회에는 단편적 문제를 해결하기보다 근원적 문제점을 제기하는 지식인이 부족하다고 말했던 것입니다.

이처럼 전문가만 많아지고 지식인이 부족해진 것은 사회구조의 문제입니다. 지젝은 이런 문제가 발생한 것은 산업화와 자본주의라는 시스템이 인간을 자신의 체제에 맞는 구성원으로 길들인 결과라고 말합니다. 18세기부터 시작된 산업혁명은 인간을 바라보는 관점을 크게 바꾸어놓았습니다. 인간의 존엄성과 자율성이 강조됐던 르네상스 시대와 달리 산업화 시대에 우리는 인간을 노동력으로 치환해 바라보게 되었습니다.

산업화 시대 이전의 노동자는 전인적 양상을 띠었습니다. 농부가 농사를 짓기 위해서, 대장장이가 도구를 만들기 위해서, 한 명의 사람이 생산의 전 과정에 참여했습니다. 기술은 도제식으로 세대를 건너 전수되었고, 그 안에는 전통이라는 질서가 인간 사회의 규

율을 담당했습니다.

그러나 산업화 시대의 노동자는 분업화의 틀 안에서 생산이라는 전체 모자이크의 아주 작은 한 부분만을 담당하게 되었습니다. 과거 우마차를 만들 수 있는 이들은 가업을 이어 수십 년 간 '작품'을 만들어온 장인 한 명과 그런 장인을 롤모델 삼아 일을 배우는 도제들뿐이었습니다. 도제는 언젠가 자기 혼자서도 우마차를 만들 수 있을 거라는 기대를 가지고 장인의 밑에서 수련 과정을 거쳤습니다.

하지만 산업화 시대의 공장 노동자는 그 누구도 혼자 자동차를 만들 수 있다고 생각하지 않습니다. 한 대의 자동차를 만들기 위해서는 수천 명의 노동자가 분업화된 작업을 수행해야 합니다. 그들은 모두 자기가 맡은 업무에만 익숙할 뿐, 그 밖의 업무엔 문외한이나 다름없습니다.

정도와 방식의 차이가 있을 뿐 무대를 공장에서 사회 전체로 옮겨놓아도 원리는 똑같습니다. 다양한 직업으로 세분화되고 사회가 발전할수록, 더욱 정확히 말하면 시장이 더 많은 상품과 서비스를 만들어낼수록 더욱 잘게 쪼개진 분업들이 생겨납니다. 과거 인간이 100가지의 일에 관여하고 살았다면, 현대 인간은 10가지도 채 안 되는 일을 집중적이고 반복적으로 하며 살고 있습니다.

이처럼 19세기 이후 산업화 시대는 곧 전문가와 분업의 시대입니다. 이 시대에는 과거처럼 다방면에 걸쳐 다양한 지식을 쌓은 사람, 오랜 경험을 통해 인생의 지혜를 갖춘 인재들을 필요로 하지 않습니다. 그보다는 한 분야만 깊이 파고들어 자신의 좁은 분야 이외에는 관심 없는 이들이 오히려 전문가로 대접받고 높은 사회적 성취를 이룰 수 있습니다.

이 시대에 가장 필요한 역량은 높은 인지 능력입니다. 새로운 것을 빨리 익히고, 즉각즉각 문제를 풀 수 있는, 흔히 IQ라고 불리는 능력이 높은 사람들을 더 선호했습니다. 진지한 성찰과 폭넓은 사고보다는 바로바로 결과를 낼 수 있는, 필기시험에 능한 인재가 사회에서 널리 인정받을 수 있었습니다. 상대적으로 깊게 사색하고 전에 없던 새로운 걸 상상하거나 전인적 덕성이 필요한 일들은 사회 전반에서 중요하게 여겨지지 않았습니다. 특히 한국은 압축 성장을 하는 과정에서 빠르고 효율적이며 경쟁적인 걸 추구하다 보니 이런 점들이 부각되기 더욱 힘들었습니다.

오늘날 정치인들이 욕을 먹는 것도 같은 이유입니다. 보통 국회에는 각 분야에서 성공한 사람들이 모이는 경우가 많습니다. 어떤 단체의 협회장과 같은 직책을 맡고 있다가 비례대표로 입성하거나, 오랫동안 한 분야에서 일하며 성공한 이들이 지역에서 인정받아 정치인으로 입문하곤 합니다. 다시 말해 엘리트 중의 엘리트들이 모이는 곳이 바로 국회입니다.

그러나 그렇게 똑똑하고 유능했던 사람들도 국회의원 배지만 달면 '봉숭아 학당'이 된다고 합니다. 도대체 왜 그런 걸까요? 사실 정치는 어느 한 분야를 깊이 판 전문가들만의 영역이 아닙니다. 한 분야만 깊게 아는 건 정치인에게는 오히려 독이 될 수 있습니다. 또

정치란 오래 공부했다고 해서, 관련 학위나 자격증을 땄다고 해서 잘할 수 있는 분야가 아닙니다.

정치를 잘하기 위해선 인간에 대한 깊은 성찰과 다방면에서 유능한 의사결정을 내릴 수 있는 능력이 무엇보다 필요합니다. 따라서 한 분야의 전문가보다는 다양한 분야를 섭렵한 통섭의 인재가 훌륭한 정치인이 될 가능성이 높습니다. 그 분야의 전문가는 정치인에게 조언을 하는 자리에 두면 됩니다. 이를 위해 각각의 국회의원에게 2명의 4급 보좌관과 5~9급 비서관, 비서 등의 인재를 채용할 수 있도록 지원하는 것입니다.

현대 정치인이 해당 분야의 전문가가 돼야 한다는 인식은 산업화 시대의 편견입니다. 오히려 입법과 정책결정 과정에서 자본(기업)과 이익단체의 영향과 로비를 쉽게 만드는 장치이기도 합니다. 해당 분야의 지식과 인간관계보다는 보편적 의사결정 능력, 공공의식과 도덕성 등이 정치인에게 더욱 필요합니다.

오늘날 정치인과는 달리 조선 시대의 관료들은 정치인이기 이전에 모두 지식인이었습니다. 비록 후기 조선이 붕당정치로 물들어 정치의 파행을 겪었지만 그들은 기본적으로 학문을 통해 인간과 사회의 본질을 깊이 탐구하고 고민하는 교양인이었습니다.

이처럼 19세기 이후부터 현재까지의 사회는 IQ를 중심으로 한 전문성과 분업이 강조되는 사회였습니다. 인간에게 '인성'이 최고의 덕목이라고 말은 하지만, 실제 삶 속에서 '인성'은 성공하거나 출세하는 데 영향력 있는 변수가 아니었습니다. 그렇기 때문에 공직자 청문회가 있을 때마다 늘 비리·특혜 논란이 벌어지는 것입니다. 이젠 과거와 달리 '인성'도 실력인 시대가 돼가고 있습니다. 이는 곧 IQ의 시대가 저물고 있다는 것을 의미합니다.

한 마디로 요약하면 19세기부터 현대까지 최고의 인재는 분업과 전문성이 능한 'IQ형 인재'였습니다. 그러나 미래사회에선 인지 능력을 중심으로 한 'IQ형 인재'는 크게 환영받지 못할 것입니다. 물론 이 분야의 능력이 뛰어나면 없는 것보단 좋겠지만, 과거처럼 높은 사회적 성취를 이루는 데 있어서 절대적 영역이 될 수 없다는 것입니다. 왜냐하면 과거, 또는 현재에 IQ 높은 사람들이 했던 많은 일들을, 앞으로는 AI가 그보다 훨씬 더 잘할 수 있기 때문입니다. 그렇다면 우리는 미래에 어떤 능력을 갖춰야 할까요? 어떤 인재가 4차 혁명시대에 필요한 걸까요? 다음 장에서 그 부분을 자세히 살펴보겠습니다.

Chapter 3

미래인재 핵심역량 4가지

AI에 지지 않으려면

미래사회에는 지금과는 다른 조직 문화와 구성원들 역시 새로운 능력을 요구하고 있습니다. 지능과 스펙, 성적 등이 전부로 여겨지던 시대는 지나갔습니다. 그렇다면 특이점이 도래하고 AI가 인간의 많은 영역을 대체하게 될 미래사회에 우리는 어떤 능력을 갖춰야 할까요?

이에 대한 답변을 얻기 위해 저는 각 분야 권위자들을 인터뷰하고 〈중앙일보〉를 통해 보도한 바 있습니다. 전·현직 장관에서부터 대학총장, 기업 CEO와 사회 리더들을 포함해 문화 예술인, 법조인, 의사, 회계사 등 다양한 전문직군을 대표하는 이들 100명의 이야기를 팀원들과 함께 들어보았습니다. 그들에게 미래 인재가 갖춰야 할 역량은 무엇이고 이를 키우기 위해선 어떻게 해야 하는지,

본인이 성공하는 데 가장 큰 영향을 미쳤던 것은 무엇인지 등을 물었습니다.

100명의 인사이트가 담긴 인터뷰 결과는 매우 큰 의미가 있습니다. 지금까지 '미래엔 어떤 능력이 중요해질 거'라고 전망하는 경우는 많았지만, 이를 실증적으로 뒷받침할 근거는 부족했습니다. 하지만 이 조사에서는 각 분야의 권위자들이 자신의 분야에서 쌓은 경험과 지식을 토대로 미래에 대한 전망을 통찰력 있게 내놨습니다.

그 결과는 놀라웠습니다. 우리가 기업에 입사할 때, 또는 대학에 진학할 때 그다지 중요하게 여기지 않는 것들이 미래의 중요한 능력으로 꼽혔습니다. 그런 것들은 대학에서는 물론이고 초, 중, 고등학교에서도 가르쳐주지 않는 것들이 대부분이었고, 지금의 교육 시스템에선 이런 능력들이 길러지기보다 억압되는 경우가 많았습니다.

100명이 꼽은 미래 인재의 필수 역량은 크게 5가지로 압축할 수 있습니다. 바로 창의력과 인성, 융복합 능력, 협업 역량, 커뮤니케이션 능력입니다. 그중 으뜸은 단연 창의성이었습니다. 100명 중 29명(중복 응답)이 창의력을 미래사회에서 인간이 갖춰야 할 핵심 능력으로 꼽았습니다.

강민구 전 법원도서관장은 "지식과 정보는 스마트폰을 통해 누구나 실시간으로 끄집어낼 수 있다. 기초 지식을 연결해 새로운 무언가를 만들어내는 창의성이 인간의 핵심 능력이다"라고 말합니다. 민상기 전 건국대 총장도 "미래에는 AI가 할 수 없는 영역에 도전하고 그곳에 필요한 역량을 갖춰야 한다. 그 핵심은 직관을 통해 세상에 없던 걸 만들어내는 능력"이라고 강조합니다.

창의성 다음으로 중요한 요소로는 인성(28명)을 꼽았습니다. 도덕성과 윤리의식 등은 AI와 대비되는 인간의 고유한 특성입니다. 사실 그동안 인성은 덕목과 가치의 관점에서만 논의되었습니다. 입시나 취업 과정에서도 있으면 좋지만 없어도 큰 문제가 안 되는 항목으로 치부되었습니다. 데니스 홍 미국 UCLA 기계공학과 교수는 "기술이 빠르게 발전할수록 어떻게 인간과 사회에 영향을 미치는지 생각해야 한다. 기술을 올바르게 사용하기 위해선 엔지니어가 바른 가치관을 가져야 하고 이를 담는 그릇이 인성"이라고 말합니다.

4차 혁명시대에는 상호 연결이 심화되면서 융복합 능력(26명)과 협업(26명)도 강화될 것입니다. 김헌수 전 세종과학예술영재학교장은 "미래는 기술로 모든 삶이 연결된다. 다양한 분야를 접목해 문제를 해결하고 협업을 통해 시너지를 내는 인재가 각광받을 것"이라고 전망하고 있습니다. 김도연 전 포스텍 총장 또한 "불확실한 미래에 대응하기 위해선 유연하고 협동적인 사고방식을 가져야 한다"고 강조합니다.

커뮤니케이션 능력(18명)도 중요시되는 능력 중의 하나입니다. 사회가 발전할수록 전문성은 더욱 커지는데 각 분야를 서로 이어주는 역할을 하는 것이 커뮤니케이션 능력입니다. 또 다양한 문화적 배경을 지닌 사람들이 한데 어울려 일하게 되면서 의사소통 능력은 더욱 강조될 것입니다. 앞서 살펴본 융복합과 협업도 커뮤니케이션 능력이 뒷받침돼야만 제대로 기능을 할 수 있습니다.

이외에도 유연성과 컴퓨팅(각각 9명), 공감 능력과 감수성(각각 7명), 문제해결력과 대인관계 능력(각각 6명) 역시 중요하게 여겨졌습니다. 그러나 이 역량들은 제각기 따로 존재하는 게 아니라 서로 연결되어 있습니다. 이를테면 대인관계 능력은 협업과, 문제해결력은 융복합 능력과 밀접한 관련이 있습니다. 첫 번째 필수 능력인 창의성 또한 유연성, 융복합 능력, 협업 등이 없으면 제대로 발현되기 어렵습니다.

앞에서 말한 미래 역량들은 기존의 연구 결과와 일맥상통합니다. 2016년 스위스 다보스에서 열린 세계경제포럼(WEF)은 미래에 갖춰야 핵심적인 능력으로 문제해결 능력, 비판적 사고력, 창의력, 사람 관리 능력, 협업 능력의 5가지를 꼽았습니다. 이는 인터뷰에 응했던 100명의 인사이트와 큰 차이가 없었습니다.

이에 앞서 OECD는 주요 선진국이 중심이 되어 데세코(DeSeCo, Definition and Selection of Competencies) 프로젝트를 가동하기도 했습니다. 이 프로젝트는 복잡하고 다원화된 미래사회를 살아가기 위해선 어떤 능력이 필요하고 이를 기르기 위해선 무슨 교육을 해야 하는지 연구했습니다.

데세코는 핵심 역량으로 3가지를 제시합니다. 첫째는 도구의 상호교감적 사용 능력, 둘째는 이질적 집단에서의 커뮤니케이션 역량, 셋째는 자율적 행동 능력입니다. 먼저 도구의 상호교감적 사용은 과학기술이 발달한 사회에서 필수적인 능력입니다. '상호교감'이라는 것은 자신의 목적에 맞게 도구의 사용 목적과 방법을 유연하게 바꿀 수 있는 역량을 말합니다. 말과 글 같은 소통 도구, 컴퓨터 등과 같은 디지털 기기를 원활히 사용하는 능력은 원만한 사회생활과 타인과의 효과적인 대화를 위해 꼭 필요한 요소입니다.

두 번째는 다양한 문화적 배경을 지닌 사람들과 원만한 관계를 갖고 자신과 다른 신념과 문화, 역사와 가치 등을 존중하고 인정하는 능력입니다. 이는 다양한 의견과 신념에 공감하며 성찰을 통해 그들의 것과 자신의 것을 조화시킬 줄 아는 것을 말합니다. 조직의 목표와 자신의 목표를 조화시킬 줄 알아야 하고, 타인의 생각을 경청하며 존중할 수 있어야 합니다. 토론을 통한 협상 능력, 갈등 조정 능력도 중요합니다. 이런 취지에서 OECD는 필기시험 위주였던 학업성취도평가에 '협업적 문제해결력'도 포함시켰습니다.

세 번째는 자율적인 판단과 행동을 할 수 있는 능력입니다. 이를 위해서는 주체적인 사고를 할 수 있어야 하고 적극적이고 능동적인 태도를 가져야 합니다. 아울러 뚜렷한 개인의 정체성을 바탕으로 주인의식을 키우는 일도 중요합니다. 개인의 성취나 공공의 선을 위해서 권리를 행사하려면 의무가 뒤따르고 권한이 생기면 책임이 수반된다는 사실을 깨달아야 합니다. 이때 각 개인은 자기 행동이 초래할 직간접적인 결과를 파악해 행동 방침을 정할 수 있어야 합니다.

이처럼 기존 전문가들의 선행연구, 100명의 인사이트에 담긴 내용은 다르면서도 같습니다. 서로 연결되어 있고 상호 영향을 미치고 있는 것입니다. 저는 이 같은 기존의 연구 성과와 그 동안 제가 썼던 책과 논문 등을 참조해 미래 인재가 갖춰야 할 핵심 능력인 '21세기 미래 역량 4가지'를 제안하려 합니다. 여기엔 다보스포럼과 OECD 등 국제기관들의 연구 성과, 구글과 페이스북 등 앞선 기업들의 조직 문화, 독일 등 선진국의 사례 등이 응축되어 있습니다.

미래 역량 4가지는 바로 연결 지능, 인성 역량, 실천 지식, 소통 능력입니다. 다음 장부터는 왜 이런 역량이 중요한지, 이를 키우기 위해선 어떻게 해야 하는지 등을 구체적인 케이스와 이론을 통해 하나씩 살펴보려고 합니다.

연결 지능 : 창의성의 핵심

.
.
.

전 세계인 중에 아마도 스티브 잡스(Steve Jobs)를 모르는 이는 없을 것입니다. 혁신의 대명사였지만, 너무 짧은 인생을 살고 간 그를 아직도 많은 사람들이 마음속 깊이 그리워하고 있습니다. 잡스가 대중적 인물로 널리 알려지기 시작한 건 2005년 스탠포드대학 졸업식 연설부터일 것입니다. 물론 이전에도 잡스는 최고의 CEO 중 하나였지만 전 세계인이 사랑하는 인기스타는 아니었습니다. 당시 잡스는 다음과 같은 말로 연설을 시작했습니다. "My story is about connecting the dots"라고 말이죠. 지금 자신을 있게 했던 지나간 인생의 지점들을 이야기하겠다는 것이었습니다.

이 연설에서 잡스가 털어놓은 인생에 대한 진솔한 이야기는 졸업생들에게 큰 감동을 안겨주었고, 그의 연설 동영상은 유튜브를 통해 세계 각국으로 퍼져나갔습니다. 그리고 미래를 꿈꾸는 전 세계의 수많은 젊은이들에게 큰 영감을 불어넣었습니다. 그리고 정확히 2년 후 잡스는 '아이폰'이라는 21세기 최고의 발명품을 세상에 내놓았습니다.

아이폰의 출시는 전 세계를 발칵 뒤집어놓았습니다. 스마트폰의 등장으로 산업의 생태계가 완전히 뒤바뀌고, 개인의 일상 또한 혁명적으로 변화했습니다. 사람들은 잡스와 아이폰을 '기술 혁신'의 대명사이자 롤모델로 추앙했습니다. 세계 각국에서는 유수의 IT 기업들이 그의 혁신을 따라했습니다. 몇 해 전 세계적 컨설팅기업인 보스턴컨설팅그룹(BCG)은 전 세계 900여 명의 CEO들에게 가장 창의성 있는 경영인이 누군지 물었는데, 잡스가 압도적인 1위를 차지하기도 했습니다.

그렇다면 이처럼 잡스가 성공할 수 있던 진짜 이유는 무엇일까요? 많은 이들이 잡스의 '창의성'을 성공 비결로 꼽습니다. 앞서 살펴보았듯이 창의성은 미래사회에서 가장 중요한 능력입니다. 특히 기술혁명으로 다가올 '직업 증발'의 시대에는 '얼마나 많은 일거리를 만들어내느냐'가 우리의 미래도 좌우하게 될 것입니다. 개인의 성공을 위해서도 인류의 번영을 위해서도 창의성은 꼭 필요한 능력입니다. 기존의 직업과 산업 분야에서 피나는 경쟁을 통해 1등을 차지하는 것이 아니라 이전에 없던 일자리와 비즈니스를 만들어야 하는 시대가 우리 눈앞에 펼쳐지고 있기 때문입니다. 유네스코 사무총장을 지낸 이리나 보코바(Irina Georgieva Bokova)는 "대부분의 직업이 인공지능(AI)으로 대체되는 시대에 인간들은 AI는 할 수 없는, 지금보다 더 창의적인 일에 몰두해야 한다고 말하고 있습니다.

그렇다면 도대체 창의성이란 무엇을 의미하는 걸까요? 창의성의 사전적 의미는 '새로운 무언가를 만들어내는 능력'을 말합니다. 하지만 창의성의 본질은 일반적으로 갖고 있는 통념처럼 꼭 세상에 없던 새로운 것을 만든다는 의미만은 아닙니다.

생전에 잡스는 창의성에 대해 다음과 같은 이야기를 자주 했습니다. "창의성은 사물을 연결하는 것이다(Creativity is just connecting things)." 창의성이란 연결하는 것이라는 이 말 속에 창의성의 본질이 담겨 있습니다. 흔히 우리는 창의성을 새로운 무언가를 만들어내는 것이라고 생각합니다. 그리고 '새롭다'는 것은 전에 없던 완전히 다른 것을 의미한다고 여깁니다. 하지만 이런 생각은 우리가 창의성을 오해하고 있는 것입니다. 사실 창의성은 정말 전에 없던 완전히 새로운 무언가를 만들어내는 게 아닙니다. 잡스의 말처럼 창의성은 '연결'입니다. 그가 스탠포드대학 연설에서 자신의 인생을 연결하는 지점(connecting the dots)에 대해 이야기한 것도 같은 맥락입니다.

지금부터는 잡스의 인생 항로를 따라가면서 창의성의 본질이 무엇이고, 과연 어디서 나오는 것이며, 이를 키우기 위해선 무엇을 해야 하는지 살펴보고자 합니다. 이제 전 세계인들에게 '스마트' 세상을 열어준 잡스의 인생 지점들(dots)을 따라 함께 여행을 떠나보겠습니다.

잘 알려진 것처럼 잡스는 미혼모의 아들이었습니다. 샌프란시스코에서 미국인 어머니와 시리아계 아버지 사이에서 태어났지만 어머니 집안의 반대로 두 사람은 결혼하지 못하고 헤어지게 됩니다. 대학원생이었던 어머니는 어쩔 수 없이 아이를 낳자마자 입양을 보내며 꼭 대학에 보내달라는 당부를 합니다. 아이를 입양한 이들은 바로 폴과 클라라 잡스 부부였습니다. 두 사람은 원래 딸아이를 입양하고 싶었지만 그들과 인연이 닿은 건 사내아이였고, 잡스 부부는 흔쾌히 아들을 입양하고 스티브라는 이름을 지어주었습니다.

어린 잡스는 모범생과는 거리가 멀었습니다. 학교에 빠지는 날도 많았고 친구들과 다투는 일도 잦았습니다. 학교 공부보다는 다른 취미에 빠져 있었습니다. 비틀즈의 음악을 사랑했고 자유로움을 추구하는 히피 문화를 동경했습니다. 당시를 회상하던 아버지 폴은, 지금 세상이 알고 있는 것과 달리 어린 시절의 잡스는 그다지 천재성을 보이진 않았다고 합니다. 대신 무언가에 빠지면 만사를 제쳐두고 한 가지에만 몰두하는 집중력은 높았다고 합니다.

잡스가 자신의 소질을 처음 발견하기 시작한 건 고등학교에 입학하면서부터입니다. 홈스테드고등학교에 진학한 그는 이제 막 새로운 산업으로 부상하던 전자공학에 관심을 갖게 됩니다. 학교가 끝나고 휴렛팩커드(HP)가 운영하는 교육 프로그램을 듣던 그는 컴퓨터라는 물건에 흥미를 가졌고 고등학교를 졸업 후엔 몇 달 동안 HP에서 인턴으로 근무했습니다. 이때 만난 사람이 함께 인턴을 하던 스티브 워즈니악입니다. 하지만 잡스가 인턴 생활을 마치고 오리건 주에 있는 리드칼리지(Reed College)에 입학하면서 두 사람은 얼마 못 가 헤어집니다.

잡스의 대학 생활도 신통치는 않았습니다. 학교생활에 흥미를 못 느끼고 불과 한 학기 만에 자퇴한 것입니다. 그 시절에 대해 잡스는 이렇게 말합니다. "제가 선택한 리드칼리지는 학비가 매우 비쌌습니다. 평범한 노동자였던 부모님께서 힘들게 모아둔 돈이 제 학비로 고스란히 들어갔습니다. 당시 저는 대학 공부가 그만한 가치가 없다고 생각했습니다. 저는 모든 게 잘 될 거라는 믿음만 가지고 학교를 그만두었습니다. 지나고 보면 제 인생 최고의 결정 중 하나였습니다. 자퇴한 순간부터 흥미 없던 필수 과목을 듣는 대신 좋아하는 강의만 자연스럽게 청강할 수 있었거든요."

청강 생활을 하면서 잡스는 기숙사를 나와 친구 집을 전전하며 생활했습니다. 한 병에 5센트씩 하는 코카콜라 병을 팔아서 먹을 양식을 구하기도 했습니다. 매주 일요일엔 한 끼 든든한 식사를 하기 위해 무료로 점심을 제공해주는 하레 크리슈나[21] 사원까지 7마일을 걸어 다니기도 했습니다.

힘든 생활 속에서도 잡스가 흠뻑 빠져 있던 것은 서체(캘리그라피) 강의였습니다. 잡스는 "리드칼리지는 미국에서 최고의 서체 교육을 제공했다. 학교 곳곳에 붙은 포스터와 상표의 글씨들이 모두 아름답게 보이기 시작했다"라고 회상했습니다. 그곳에서 잡스는 세리프(serif)와 산세리프(san serif) 같은 서체를 익혔습니다. 그

때 잡스의 마음속에는 과학적인 방식으로는 따라할 수 없는, 아름답고 예술적인 무언가가 꿈틀대기 시작했습니다.

그러나 그때의 서체 수업은 당장 그에게 도움을 줄 만한 무언가는 아니었습니다. 하지만 10년 후 그가 '매킨토시(Mac)'라는 혁신적인 개인용 컴퓨터를 세상에 내놓을 때 가장 큰 영감을 불어넣은 것이 서체 수업이었습니다. 잡스는 매킨토시를 "아름다운 서체를 가진 최초의 컴퓨터"라고 자부했습니다. 당시 마이크로소프트가 장악하고 있던 PC 시장에서 잡스는 기능과 디자인을 결합한 맥으로 파란을 일으킵니다. 기술과 디자인을 접목한 그의 경영 철학은 이때부터 시작된 것이었습니다.

1년 가까운 청강 생활 끝에 잡스는 또 다른 선택을 합니다. 어릴 적 동경했던 히피 문화를 몸소 체험하기 위해 '올인 원 팜(All in one farm)'이라는 사과 농장에서 공동체 생활을 시작한 것입니다. 자연주의를 표방하는 히피들이 많이 모여 살던 곳에서 잡스는 또 다른 인연을 만나게 되는데, 그가 일본 선불교 승려인 오토가와 고분입니다. 그를 만나면서 동양철학에 심취하게 된 잡스는 훗날 인도 히말라야 여행을 할 정도로 선불교에 빠져들었습니다. 오토가와의 만류로 뜻을 굽히기는 했지만 당시 잡스는 승려가 될 결심까지 했다고 합니다. 이후 잡스는 '아타리'라는 게임 회사에 취직해 게임 디자이너로 근무했습니다. 하지만 조직생활에 적응하지 못하

---

21) 힌두교의 한 분파.

고 1년도 채 되지 않아 회사를 그만두었습니다.

마침 HP에서 함께 인턴으로 근무했던 워즈니악이 아타리[22]에 정식 직원으로 채용되어 엔지니어로 일하고 있었습니다. 워즈니악은 취미 활동으로 'DIY 컴퓨터 만들기'라는 동아리를 운영하고 있었는데, 잡스도 이곳의 멤버로 참여합니다. 이후 두 사람은 허름한 차고에서 직접 컴퓨터를 만들기 시작했고 1976년 첫 제품을 탄생시켰습니다. 비록 나무로 만든 케이스에 모니터조차 없는 '형편없는' 컴퓨터였지만, 이것이 '애플'이라는 브랜드의 시작이었습니다. 애플이란 이름은 그가 정신 수양을 했던 사과 농장을 떠올리며 만든 것이었습니다.

사업 수완과 아이디어가 뛰어났던 잡스는 직접 영업을 뛰며 애플 컴퓨터를 팔기 시작했습니다. 지금으로 치면 쓸 데 없어 보이는 기계였지만 무려 666.66달러의 가격에 꽤 많은 매출을 올렸습니다. 잡스는 타고난 엔지니어 워즈니악과 함께 애플2를 바로 내놓았습니다. 애플2는 조잡했던 애플1과 달리 대기업들의 다른 컴퓨터와 비교해도 손색이 없었습니다. 애플2로 큰 성공을 거둔 잡스는 10년 후 4,000여 명의 직원을 거느린 200억 달러짜리 기업의 경영자가 되었습니다. 하지만 1985년 잡스는 30세의 나이에 자신이 만든 회사에서 쫓겨나게 됩니다. 그의 경영 스타일을 문제 삼은 이사회가 그를 해임한 것입니다.

하지만 잡스의 인생은 이제부터 시작이었습니다. 고군분투 끝에 넥스트(NeXT)라는 회사를 만들고 애니메이션 제작사인 픽사

(Pixar)를 인수해 5년 동안 자신의 모든 열정을 쏟아부었습니다. 그리고 1995년 그의 첫 애니메이션 작품 〈토이스토리〉를 세상에 내놓았습니다. 최초의 장편 3D 애니메이션인 〈토이스토리〉는 오늘날 3D 영화의 발전에 큰 영향을 미쳤습니다. 이후 픽사는 〈니모를 찾아서〉, 〈몬스터주식회사〉, 〈인크레더블〉 같은 대작 애니메이션을 성공시켰고, 잡스는 최고의 CEO로 화려하게 컴백합니다.

반면 잡스가 해임된 이후 '썩은 사과'가 되다시피 한 애플의 미래는 불투명했습니다. 덩치만 크고 나약한 공룡이 돼버린 것이었습니다. 이때 애플의 이사진이 잡스가 설립한 넥스트를 인수하면서 잡스는 자연스럽게 다시 애플로 돌아오게 되었습니다. 1년 후 다시 애플의 지휘봉을 잡게 된 잡스는 1998년 혁신적인 디자인과 화려한 색감으로 무장한 '아이맥'을 세상에 선보입니다.

잡스의 귀환과 함께 사업에 탄력을 받기 시작한 애플은 2001년 MP3 시장에 후발 주자로 나섭니다. 그리고 기능이 복잡한 경쟁업체들의 제품과 달리 단순한 기능과 예쁜 디자인을 무기 삼아 '아이팟' 열풍을 일으킵니다. 그리고 2007년에 드디어 아이폰이라는 괴물을 출시합니다. 아이폰은 그가 생각하는 '기술 혁신'의 결정체였습니다. '창의적인 것은 연결에서 나온다'는 그의 말대로 아이폰은 핸드폰과 MP3, 노트북이 결합된 제품입니다. 기존의 것들을

---

22)미국의 비디오 게임회사. 처음 이 분야를 개척한 기업으로 아타리는 바둑 용어 '단수'의 일본어.

융복합하고 '변주'해 새로운 것을 창조해낸 것입니다. 아이폰은 전화기를 '사용'하는 것에서 서비스를 '경험'하는 것으로 인식을 바꿔놓았습니다.

이는 기술과 디자인을 결합했던 과거 '맥'의 성공 방식과도 일치합니다. 잡스는 2010년 아이패드를 처음 공개할 때도 같은 맥락의 이야기를 했습니다. "기술과 인문학의 두 갈림길이 있다. 애플은 언제나 그 한 가운데에 서 있다." 기술과 경영에 인문학을 접목하는 시도는 이때부터 세계적으로 유행처럼 번져나가기 시작했습니다.

잡스의 인생 항로를 따라오면서 우리가 발견한 것은 과연 창의성과 혁신은 무엇이냐 하는 것입니다. 매킨토시, 아이맥, 〈토이스토리〉, 아이폰, 아이패드 등 그가 세상에 처음 내놓은 것들은 모두 혁신의 아이콘이 됐습니다. 이들의 공통점은 잡스의 말대로 연결을 통해 세상에 나왔습니다. 이처럼 기존에 있던 다양한 경험과 지식을 연결해 또 하나의 변주를 만들어내는 것이 잡스가 생각한 창의성입니다. 스마트폰을 개발한 최고의 엔지니어인 잡스가 사실은 대학에서 철학을 전공했다는 사실도 이런 '연결'의 중요성을 잘 보여주고 있습니다.

그렇다면 이런 창의성을 키우기 위해선 무엇이 필요할까요? 먼저 두 가지 조건이 선행되어야 합니다. 첫 번째는 경험과 지식, 고민과 아이디어 같은 '연결거리(things)'가 많아야 한다는 것입니다. 전자공학을 좋아했지만 히말라야에 여행을 갈 만큼 선불교에

심취하고 다양한 서체 수업을 들으며 디자인에 빠졌던 잡스는 남들보다 색다른 경험이 많이 할 수 있었습니다. 경험을 통해 다양한 지식과 아이디어를 얻을 수 있었고, 이는 새로운 무언가를 만들어내는 데 필요한 영감을 제공했습니다.

세계 최고의 창의성 연구자인 로버트 루트번스타인(Robert Root-Bernstein) 미시간주립대 교수는 "창의적인 인재는 학교 지식만으로는 만들어질 수 없다. 호기심과 도전, 실패와 학습 등을 통해 얻은 다양한 경험의 조합들이 극대화되었을 때 창의성이 나온다"라고 말합니다. 철학과 역사, 예술과 문학 등 다양한 지적 탐구 활동이 이루어지는 인문학이 기술혁명 시대에 더욱 중요한 이유가 여기에 있습니다.

실제로 세계 최고의 공과대학으로 꼽히는 MIT는 공학 못지않게 인문이나 예술 수업 또한 강조합니다. '위대한 아이디어가 세상을 바꾼다'는 교육철학처럼 MIT에서는 좋은 생각의 토대가 될 수 있는 '리버럴 아츠(Liberal Arts)'라는 교양교육에 집중하고 있습니다. 이곳에는 역사학, 철학, 언어학, 문학 등 각 분야의 훌륭한 교양 프로그램이 있고, 학생들은 의무적으로 인문학 수업을 들어야 졸업할 수 있습니다.

하버드와 같은 대부분의 아이비리그 대학도 교양수업을 중시합니다. 데이비드 데밍(David Deming) 하버드대 교수는 "글쓰기, 분석 능력, 문제해결 능력 같은 역량은 리버럴 아츠 교육을 통해서 길러지는데 요즘 시대엔 이런 역량이 더욱 중요하다"라고 말합니다.

조지 앤더스(George Anders) 다트머스대 교수도 철학, 사회학, 언어학 등 전공자가 마케팅과 금융 등 분야에서 큰 두각을 나타낸다고 강조합니다.

버락 오바마 전 미국 대통령도 교양교육이 중심인 옥시덴탈칼리지 출신으로 이후에 컬럼비아대로 옮긴 것이었고요. 잡스가 서체 수업을 들었던 리드칼리지 또한 '리버럴 아츠'를 중심으로 가르치는 학부 대학이었습니다. '리버럴 아츠'는 분야에 얽매이지 않는 폭넓은 교양지식을 가르치고, 이를 통해 세상을 비판적이고 윤리적으로 바라볼 수 있는 역량을 기릅니다.

두 번째로 창의성이 제대로 발현되기 위해서는 'things'를 이어줄 수 있는 '연결 지능'이 필요합니다. '연결 지능'은 사고의 확장과 유연한 마인드를 통해 길러집니다. 하나의 아이디어를 해당 분야에서만 생각하고 받아들이는 게 아니라 자신이 속한 범주를 넘어 새로운 영역으로 확장시키는 것이 바로 연결 지능의 본질입니다. 잡스가 핸드폰과 MP3, 노트북을 연결해 스마트폰을 만든 것처럼 말입니다.

그리고 나와는 다른 생각과 아이디어, 새로운 경험을 열린 마음으로 받아들일 수 있어야 합니다. 이런 '연결 지능'이 있어야 'things'를 효과적으로 이어줄 수 있습니다. 즉 창의적으로 무언가를 만들어 내기 위해서는 다양한 분야의 지식과 경험을 갖추는 것도 중요하지만, 구슬을 실로 꿸 수 있는 능력이 있어야 한다는 것입니다.

'연결 지능'은 하루아침에 길러지는 것은 아닙니다. 이미 자신의 경험 속에 내재된 지식과 아이디어를 바탕으로 끊임없이 고민하고 새로운 변주를 만들어내기 위해 치열한 두뇌싸움을 벌일 때 비로소 '연결'이 이루어질 수 있습니다. 일상에서 축적된 노력과 지식, 경험이 이리저리 엮이면서 어느 순간 '매직 모멘트'를 마주하게 되는 것입니다. 만약 이런 노력이 몸에 배어 있지 않다면, 번뜩이는 영감처럼 떠오른 생각을 창의적인 아이디어로 인식조차 할 수 없을 것입니다.

결국 창의성은 타고나는 것이 아니라 길러지는 것입니다. 많은 'things'를 갖추기 위해 노력하고, 또 이들을 연결하기 위해 더 많이 고민해야 합니다. 타고난 능력의 영향도 일정 부분 있기는 하겠지만, 본질적으로 창의성은 후천적인 습관과 생활양식 그리고 노력의 산물입니다. 지금까지 일해왔던 것과는 다른 방식으로 고민하고, 그동안 걸어왔던 길보다는 새로운 길을 가려는 개방적 태도를 갖는 것이 창의력 향상을 위한 핵심적인 전제입니다.

AI가 활성화된 미래사회에서 창의성이 더욱 중요해질 것입니다. 모두가 알다시피 이제 계산하고 암기하며 정리하는 능력에서 인간은 AI를 따라갈 수 없습니다. 그렇다면 인간의 능력 중 AI와의 경쟁에서 이길 수 있는 건 무엇일까요? 그 첫 번째는 '창의성'입니다. 2016년 3월 이세돌 9단과 알파고의 네 번째 대국에서처럼, AI라면 두지 않았을 이세돌 9단의 마지막 한 수, 기계는 생각하지 못하는 창의적인 무언가에 앞으로 우리가 찾아야 할 해답이 있다고 생각합니다.

요컨대 창의성은 타고나는 것만이 아니며, 골방에 틀어박힌 천재의 머릿속에서 나오는 건 더더욱 아닙니다. 다양한 지식과 경험을 쌓고, 합리적인 토론을 통해 의견을 나누며, 실패를 두려워하지 않는 도전을 계속할 때 창의성을 키울 수 있습니다

인성 역량 : Humart가 진짜 실력

. . .

'인성이 실력이다.'

이 말에 쉽게 공감할 수 있는 사람은 많지 않을 것입니다. 지금까지 인성은 단순한 덕목과 가치로만 치부되었습니다. 인성이 바르다고 해서 원하는 대학에 들어가고, 좋아하는 직업을 얻을 수 있는 것은 아니었기 때문입니다. 하지만 미래사회에서는 인성이 실력이 될 수밖에 없습니다. 아니 과거에도 인성은 실력이었습니다. 단지 우리가 몰랐을 뿐입니다.

인성이 실력임을 보여주는 대표적인 사례가 송 모 교수의 이야기입니다. 이미 언론을 통해 수차례 보도되기도 했지만 간략하게 그의 사례를 살펴보겠습니다. 송 교수의 부친은 1960년대 면사무소에서 근무하던 말단 공무원이었습니다. 보릿고개를 넘는 게 가장 큰 과제였던 그 시절에 전국의 농촌은 벼의 품종 개량에 몰두했습니다. 어느 가을 밤 송 교수의 부친은 밤을 새워가며 마을에서 거둬들인 벼의 낱알을 일일이 셌습니다. 기존 벼와 새 품종의 수확량을 비교해 군청에 보고하기 위해서였습니다.

과거의 공무원들은 보통 벼 한두 포기만 비교해 보고서를 올렸습니다. 하지만 그의 생각은 달랐습니다. 정확하게 세야만 품종 개량의 효과를 알 수 있고, 그것이 모든 이들에게 도움이 된다고 생각했습니다. 자정 가까이 귀가하지 않는 아버지를 찾아 면사무소에 간 어린 송 교수는 그 모습을 생생히 기억하고 있습니다. 그 모습에서 아들은 무엇을 배웠을까요?

송 교수는 자신의 아버지를 모든 일에 최선을 다한 정직한 사람으로 기억합니다. 공부를 열심히 하라는 이야기보다는 '정직해라', '최선을 다해라', '바른 마음을 가져라'라는 것이 아버지가 어린 송 교수에게 하던 이야기였습니다. 아버지의 교육은 오롯이 인성 교육이었던 셈입니다.

공부를 강요하거나 출세하란 이야기를 한 번도 해보지 않았던 아버지 덕분인지 송 교수를 비롯한 6남매는 맡은 일에 최선을 다하며 모범적인 삶을 살기 위해 노력했습니다. 그 결과 송 교수의 집안에서는 한 집안에 한 명도 나오기 어렵다는 고시 합격자가 4명이나 나왔습니다. 송 교수의 아들 또한 현재 판사로 근무하고 있습니다.

아버지의 인성 교육은 하나하나가 인생의 밑알이 됐습니다. 밥상머리에서 배고픔을 참고 할머니를 기다린 것도 큰 훈련이 됐습니다. 자식들은 아무리 배가 고파도 할머니나 아버지께서 숟가락을 들지 않으면 밥을 먹지 않았습니다. 꼬르륵 소리가 나는데도 십여 분씩 밥상에서 기다리면서 자연스레 절제와 인내력을 배운 것입니다. 이때 배운 절제 습관은 고시 공부로 지칠 때, 또 다른 길로 빠지고 싶은 유혹이 들 때마다 큰 도움이 됐습니다.

송 교수 외에도 인성이 실력임을 보여주는 사례는 얼마든지 많습니다. 앤젤라 더크워스(Angela Duckworth)의 책 《그릿(GRIT)》에도 비슷한 내용이 있습니다. 그는 사회적으로 높은 성취를 이룬 사람들의 성공 비결을 십여 년 동안 연구했는데, 이들의 공통점은 모두 '그릿'을 갖고 있었다는 것이었습니다. 그릿은 명확한 목표 의식과 끈기, 성실함, 인내력 등의 가치를 말합니다. 모두 인성과 밀접한 것들입니다.

실제로 인성은 인간의 다양한 능력에 긍정적 영향을 미칩니다. 대한민국 인성교육대상 심사 및 기획위원으로 활동하며 인성이 타에 모범되는 많은 이들을 만났습니다. 대상 후보는 모두 "헌신적인 노력과 봉사정신으로 범사회적 인성교육 확산에 공헌하고 전문성과 소명의식이 투철한" 사람들로 추천이 이루어졌습니다. 인성을 측정하는 객관적인 도구가 없는 상황에서 인성교육대상 후보와 수상자는 사회적으로 인성의 모범이 된다고 충분히 판단할 만한 사람들입니다.

수년 동안 이들을 만나면서 느낀 공통점은 이들은 단순히 인성이 바른 데서만 그치는 것이 아니라 다방면에서 뛰어난 '실력'을 가지고 있다는 것입니다. 앞서 살펴봤던 미래 역량의 관점에서도 인성이 바른 사람들은 탁월한 능력을 보여주었습니다. 물론 경험을 통해 우리는 인성이 바른 사람들은 협업을 잘하거나 공감 능력이 뛰어날 거라고 생각합니다. 그러나 아직까지 이에 대한 실증적 연구를 살펴본 사례는 거의 없었습니다. 왜냐하면 인성이 바른 사람과 보통인 사람을 나눌 수 있는 기준이 없었기 때문입니다. IQ처럼 인성을 객관적인 수치로 나타낼 수 도 없기 때문이죠.

인성교육대상 관련 일을 하면서 저는 이 같은 궁금증을 논문을 통해 풀어내기로 했습니다.[23] 대상 수상자 및 후보자 중 일부(74명)의 동의를 얻어 이들이 가지고 있는 리더십과 커뮤니케이션, 공감 능력의 3가지 영역을 측정했습니다. 그리고 구체적인 상황에서의 판단 기준과 행동 양식을 묻는 63개의 문항으로 질문지를 구성해 일반인과 비교를 해보았습니다.

결론부터 이야기하면 인성이 바른 사람일수록 리더십이 뛰어나고 커뮤니케이션 능력이 탁월하며 공감 역량도 출중하다는 것입니다. 이들은 무엇보다 뛰어난 경청 능력을 가지고 있었습니다. 대상 수상자나 후보자의 경우 상대의 의견을 수용하고 긍정적으로 받아들이는 반응성이 77점(만점 100점)으로 일반인(70점)보다 높았습니다. 특히 대상 후보자를 제외하고 수상자들로만 범위를 좁힐 경

---

23) '대한민국 인성교육대상 후보자와 일반사회인 간의 커뮤니케이션 능력, 커뮤니케이션 스타일, 공감 능력의 차이에 관한 연구'(2016).

우 이들의 평균은 84점으로 일반인보다 14점이나 높았습니다.

반응성이 높은 것은 타인의 감정을 고려하고 상대방의 욕구를 잘 인정해준다는 의미입니다. 다른 사람에게 부드럽고 민감하게 대응하고 물리적으로도 가까운 관계를 유지하기 위해 애쓰는 것입니다. 당연히 여러 사람들의 의견을 수렴해 이를 조화시키는 능력도 뛰어납니다.

또 다른 특징으로 주장력 또한 높았습니다. 수상·후보자(60점)가 일반인(55점)보다 5점 높게 나왔는데, 이는 자신의 생각과 의견을 상대에게 전달하려는 경향이 강하다는 것을 뜻합니다. 즉, 자기 생각을 명확히 말하고 본인이 생각하는 방향으로 상대방을 이끌어가는 경향이 크다는 것입니다. 쉽게 말해 자신이 한번 마음먹은 일은 꼭 이루기 위해 노력한다는 것입니다.

전통적으로 우리는 인성 교육이란 착하고 말 잘 듣는 아이를 만드는 것이라고 오해하고 있지만, 연구 결과는 전혀 달랐습니다. 인성이 바른 사람들이라고 해서 자기 주장을 하는 데 머뭇거리거나 감정 표현에 서툴지는 않다는 것입니다. 리더십은 자신이 생각하는 것을 온전하고 정확하게 표현하는 것부터 시작되기 때문입니다. 자신의 생각과 니즈를 잘 파악할 수 없다면 타인의 생각도 잘 들을 수 없습니다.

인성이 바른 이들은 또한 타인과의 연대의식도 뛰어났습니다. 연대감이 높다는 것은 상대방에 대한 동질감과 친밀함을 더욱 많이 느낀다는 것을 의미합니다. 다시 말해 남의 일도 자신의 것처럼 생각하는 경향이 강하고 공동체 의식이 높다는 것입니다. 이들의 연대감(86점)은 일반인(72점)보다 월등히 높았고, 대상 수상자 중 일부는 만점을 받기도 했습니다.

이들의 또 다른 특징은 감정이입이 뛰어나다는 것으로, 이 항목에서는 일반인(72점)보다 높은 86점이 나왔죠. 감정이입이 높다는 것은 상대의 생각과 감정을 이해하기 위해 더욱 많이 노력한다는 뜻입니다. 다른 사람의 느낌과 생각을 자신의 것처럼 받아들이고 이는 다시 상대를 배려하기 위한 구체적 행동으로 이어지게 됩니다. 대상 수상자로 학교폭력 전담 경찰관을 지낸 A경사(94점)는 "아이들 얘기를 가만 듣고 있다 보면 마치 제 일처럼 느껴져요. 힘들 때 함께 울고 기쁠 때 함께 웃었습니다"라고 말합니다. 그는 위기의 청소년들을 만날 때 가장 신경을 쓰는 일이 감정을 공유하는 것이라고 합니다.

그러나 실제 상황에서의 감정이입과 가상의 상황은 엄연히 다릅니다. 공감 능력을 측정하는 세부 지표 중 상상을 통한 감정이입 항목에서는 일반인과 점수가 같았습니다. 실제 사람에 대한 감정이입은 인성 바른 사람이 뛰어났지만, 영화와 드라마 등 가상의 상황에선 차이가 나타나지 않았습니다.

인성 바른 사람은 커뮤니케이션 능력의 세부 지표인 행동적 융통성과 상호작용 측면에서도 88점과 81점으로 일반인(76점, 72점)보다 모두 높았습니다. 행동적 융통성이란 상황 변화에 따라 유연하게 커뮤니케이션을 이끌어갈 수 있는지를 나타내는 지표입니다.

융통성이 높은 사람들은 새로운 상황에 잘 적응하고 개방적인 자세를 보입니다. 상호작용은 부드럽고 원활하게 관계를 유지하는 능력을 의미합니다. 상호작용을 잘해야만 원만한 인간관계를 유지하면서 업무 상황에서 조직의 시너지를 낼 수 있습니다.

대화를 할 때 상대방을 편안하게 만들어주는 긴장완화 능력도 일반인(66점)보다 높은 78점을 나타냈습니다. 이들은 사람들과의 관계에서 적절한 위트와 유머로 즐거운 분위기를 만드는 탁월한 능력을 가지고 있습니다.

공감 능력의 세부지표 중 하나로 타인의 고통에 대한 동화(同和) 정도를 나타내는 항목에서는 일반인(58점)보다 낮은 52점이 나왔습니다. 이는 고통스럽거나 위기에 처했을 때 통제력을 잃거나 정신적 의지가 약해지는 걸 의미합니다. 즉, 인성 바른 이들이 일반인보다 위급한 상황에서 차분하게 대처하는 능력이 뛰어나다는 뜻입니다.

연구 결과를 종합하면 인성이 뛰어난 사람들은 타인의 이야기에 귀 기울이는 민주적 리더십을 가지고 있으며 사고와 행동이 유연합니다. 대화를 할 때 상대를 편안히 해주며 적절한 위트로 즐거운 분위기를 이끕니다. 연대의식이 강해 공동체를 위해 헌신할 줄 알고 타인의 생각과 감정에 공감을 잘합니다. 위기상황에서의 문제해결 능력도 뛰어나 믿고 의지할 만한 사람입니다.

그렇다고 남의 말만 들어주고 상대가 원하는 대로 모든 걸 해주는 '순하고 착해빠진' 사람을 말하는 것은 아닙니다. 인성이 바른 이들은 자존감이 높고 자기의 생각이 분명해 타인을 자기 생각대로 설득해 자신이 원하는 방향으로 이끌어갈 줄 압니다. 주체성이 강해 옳고 그른 것에 대한 판단이나 기준도 명확합니다. 경청할 줄 알되, 자신의 생각과 감정을 솔직하고 세련되게 표현할 줄 아는 사람입니다.

이처럼 인성의 여러 면에서 사회생활을 하는 데 필요한 실력으로 이어집니다. 그리고 미래에는 상호연결이 심화되고 다양한 문화적 배경을 지닌 사람들끼리 어울리는 일들이 많아지면서 인성 역량이 더욱 강조될 것입니다. 앞으로 인성은 단순한 도덕적 덕목이나 윤리적 가치만이 아니라 미래사회를 살아가는 데 있어 꼭 필요한 능력이라는 이야기입니다.

그런 의미에서 앞으로 우리는 더욱 똑똑해지는(smart) 것만이 아니라 좀 더 인간적(humanity)인 사람이 되도록 노력해야 합니다. 그러기 위해선 제일 먼저 우리가 빠져 있던 거대한 편견부터 벗어던지는 일이 필요하죠. 바로 인간의 지능이 가장 높았기 때문에 지구의 주인 노릇을 할 수 있었다는 착각 말입니다. 제일 똑똑하기(smart) 때문에 만물의 영장으로 살아왔다면, 달리 말해 지능이 제일 높기 때문에 지구의 주인 노릇을 한 것이라면 우리는 조만간 그 자리를 AI에게 넘겨줘야 할지 모릅니다.

그러나 인간이 만물의 영장인 이유는 인간적(humanity)이기 때문입니다. 현생 인류인 호모사피엔스가 네안데르탈인 같은 다른 종을 밀어내고 지구에 성공적으로 정착할 수 있었던 이유는 개체의 우수성 때문이 아니라 집단의 시너지 덕분에 가능했습니다. 개인의 뛰어난 사냥 실력과 물리력으로 자연을 지배한 게 아니고 협업과 분업을 통해 사회라는 경쟁력을 만들어낸 것이죠. 개인이 아닌 공동체로 살아왔기에 지금의 문명도 이룩할 수 있었습니다.

인간은 이제 똑똑함(smart)만으로는 AI를 따라갈 수 없습니다. 우린 이제 AI가 할 수 없는 것들에 눈을 돌려야 합니다. AI가 가질 수 없는 능력을 갖춰야만 미래사회에서도 인간이 주인 노릇을 할 수 있을 것입니다. 그것은 곧 인성 역량을 갖추는 일로, 인간성을 가진 스마트 '휴마트(humart)'를 실천하는 일입니다.

실천 지식 : howknow의 시대

미래엔 수많은 직업이 사라지고 그 대신 새로운 일자리가 생겨날 것이라는 이야기는 이젠 모두가 아는 내용입니다. 그렇다면 직업의 형태와 일은 어떻게 달라질까요? 이 부분이 우리가 가장 궁금해하는 내용입니다. 과거에는 평생직장이라는 개념이 존재했고, 많은 사람들이 평생직장 안에서 평생직업을 영위했습니다. 하지만 이제는 평생직장도 평생직업도 존재하지 않습니다. 앞으로는 핵심 역량과 이를 바탕으로 한 다양한 '업(業, work)'만 존재할 것입니다. 즉, 직(職, job)은 사라지고 '업'만 남게 될 것입니다.

그 이유는 우리가 알고 있는 지식의 개념이 바뀌기 때문입니다. 이전 시대까지의 지식을 받아들인다는 것은 일종의 탑을 쌓는 일과 같았습니다. 자연과 인간 사회에 존재하는 무수한 정보와 현상

사이에서 일종의 패턴과 규칙을 찾아내고, 이들의 인과관계를 연구해 하나의 이론이 만들어집니다. 그렇게 만들어진 이론이 쌓여 학문이 되었고, 마치 견고한 탑을 쌓듯 지식의 체계가 잡혀갔습니다. 얼마나 높이, 얼마나 큰 탑을 쌓느냐가 중요한 기준이었습니다.

그러나 지식의 체계가 커질수록 한 사람이 그 모든 지식을 안다는 건 점차 불가능해질 것입니다. 물론 이제는 그 모든 지식을 머리에 담을 필요도 없어졌습니다. 세상이 복잡해질수록 지식도 그 만큼 세분화되었고, 각 분야별로 해당 지식체계를 다루는 전문가들이 등장했습니다. 지금까지는 각 분야에서 지식의 탑을 높이 쌓은 이들이 전문가로 대접을 받고 살았습니다. 대학에서 이론을 배우고 기업에서 실천을 통해 제품과 서비스를 만들어내는 산학협력의 양분된 체계가 가능했습니다.

그러나 이젠 이 시스템이 무너지고 있습니다. 산학의 구분 자체가 무의미해진 것입니다. 4차 혁명시대에는 지식의 반감기가 매우 짧기 때문에 평생을 견고하게 쌓아왔던 탑도 어느한 순간 쓸모가 없어져 와르르 무너져내릴 수도 있습니다. 또 웬만한 지식은 검색창에 키워드만 치면 전문가 못지않은 수준의 내용들을 찾을 수 있습니다. 결국 기존처럼 지식의 탑을 높이 또 크게 쌓는 것은 더 이상 중요하지 않게 되고 있습니다.

이런 시대에는 교수도, 교사도 그 역할과 위상이 흔들리게 됩니다. 그동안 상아탑에서 이론만 연구했던 교수들이 이젠 지식 권력을 내놓게 됩니다. AI나 자율주행차 등 앞선 기술을 연구하는 이들은 대부분 기업의 엔지니어로 근무하고 있습니다. 하지만 과거처럼 기업이 대학과 산학협력을 할 필요를 느끼지 못하고 있습니다.

이공계 지식뿐만이 아닙니다. 역사와 철학, 예술, 문학과 같은 인문학 역시 교수 직함을 갖지 못했지만 그 방면의 뛰어난 지식과 식견을 갖춘 '고수'가 존재합니다. 그동안 대학 사회에서 '박사 학위'라는 카르텔로 쌓아왔던 견고한 벽이 무너지기 시작한 것입니다.

이제 지식은 더 이상 나보다 더 많이 알고 있는 누군가에게 새로운 무언가를 배운다는 개념이 아닙니다. 자신이 일하고 있는 분야에서 기존의 정보를 바탕으로 스스로 취합해 인과관계를 만들고, 다른 분야와의 융합을 통해 새로운 내용을 창출해내는 과정, 그 전체를 지식으로 봐야 합니다. 즉, 얼마나 높고 크게 탑을 쌓느냐가 이전 시대의 중요한 고민거리였다면 앞으로는 얼마나 빠르고 크게 효율적으로 탑을 쌓을 수 있느냐 하는 설계와 시공 능력이 중요해진다는 것입니다.

더 이상 지식은 쌓아놓은 탑과 같은 고정된 체계를 의미하지 않습니다. 스스로 탑을 쌓을 수 있는 능력, 자신이 이론과 학문의 체계를 만들어낼 수 있는 역량을 지식이라고 불러야 합니다. 이를 이전 시대의 지식과 구분해 '실천 지식'이라고 부를 수 있습니다. 이미 존재하는 정보와 지식 체계로부터 새로운 정보를 추론하고 스스로 지식을 만들어가는 능력이 미래 사회에선 꼭 필요하다는 의미입니다.

이미 세계 최고의 기업 구글도 이런 실천 지식을 강조합니다. 구글에서 인사 담당 사장을 지낸 라즐로 복(Laszlo Bock)은 그의 책 《일하는 원칙》에서 구글이 원하는 인재상의 5가지 요소를 제시했습니다. 학습 능력, 리더십·팔로워십, 지적 겸손, 협업 능력, 전문지식이 그것입니다. 그리고 이중에서 가장 중요하지 않은 것이 전문지식이라고 했습니다. 지식의 변화 속도는 매우 빠르기 때문에 지금 얼마나 많은 지식을 갖고 있느냐보다 새로운 걸 얼마나 빨리 습득할 수 있느냐가 중요하다는 것입니다. 이는 앞서 설명한 실천 지식의 개념과도 일맥상통합니다.

앞으로 실천 지식의 개념은 교육과 학문에 대한 오랜 통념을 뒤흔들 것입니다. 무엇을 가르치고 배워야 할지, 교사와 교수의 역할은 무엇인지에 대해서도 큰 변화를 가져올 것입니다. 지식의 재생산이 목적이었던, 고정된 지식의 체계를 습득하고 이를 현실에 적용하는 전통적인 교육 시스템이 곧 무너질 거라는 이야깁니다.

당연히 지금처럼 국어와 영어, 수학 등 교과목 중심으로 교육하는 학교 시스템은 바뀌어야 합니다. 그 대신 단편적인 지식을 외우기보다 스스로 지식을 만들어가는 실천 지식의 역량을 쌓아야 합니다. 스스로 문제를 발견해낼 줄 알아야 하고, 궁리를 통해 대안을 찾아가는 모험의 과정을 즐길 수 있어야 합니다. 자판기처럼 A라는 문제를 투입하면 B라는 해답이 저절로 튀어나오는 사람이 아니라, 스스로 문제를 낼 수 있는 사람이 되어야 합니다. 정해진 문제의 답만 구하는 능력으론 미래사회를 살아갈 수 없기 때문입니다.

그런 의미에서 실천 지식은 '노하우(knowhow)'가 아니라 '하우노우(howknow)'입니다. knowhow는 무언가를 할 줄 아는 능력, 고정된 지식을 뜻합니다. 그러나 하우노우(howknow)는 어떻게 하면 알 수 있는지, 그 역량을 갖춘 상태를 뜻합니다. 이제는 지식을 얼마나 많이 아는지보다는 어떻게 하면 필요한 지식을 습득하고 새로운 지식을 만들어낼 수 있는지, 직접 탑을 설계하고 건축할 수 있는 '축성'능력이 필요하다는 의미입니다.

소통 능력 : 호모 커뮤니쿠스

. . .

앞서 OECD의 데세코 프로젝트를 살펴보았습니다. 데세코는 기존에 과목별로 학업성취도를 중시하던 교육의 패러다임을 확 바꿨습니다. 학문적 지식을 단답형으로 평가하던 과거의 프레임에서 벗어나 21세기에 필요한 교육의 방향을 설정하고 그에 필요한 역량을 연구한 것입니다. 핵심은 복잡하고 다원화된 미래사회를 살아가기 위해선 어떤 능력이 필요하고 이를 기르기 위해서 어떤 교육이 이뤄져야 하는가 하는 내용을 담고 있습니다.

데세코가 제시한 세 가지 핵심 역량 중 두 번째가 바로 커뮤니케이션 능력입니다. 이는 다른 집단에 속한 사람과 원만한 관계를 갖기 위해 자신과 다른 가치나 신념, 문화, 역사를 존중하고 인정하는 법을 배우는 능력을 의미합니다. 미래사회에서는 다양한 의견과 신념에 공감하며 성찰을 통해 그들의 것과 자신의 것을 조화시키는 능력을 필요로 합니다. 또한 조직의 목표와 자신의 목표 간에 우선순위를 조화시킬 수 있어야 하며 타인의 생각을 경청하고 존중할 수 있어야 합니다. 토론을 통한 협상 능력, 갈등을 조정하는 능력 등이 여기에 포함됩니다.

인공지능의 발전과 기술의 고도화로 인간의 역할은 이를 관리하고 다양한 업무를 조율하는 방식으로 변화되고 있습니다. 아울러 혼자 일하는 방식에서 협업의 방식을 취하는 일이 더욱 많아지고 있습니다.

대학 입시나 학교의 교육 방식도 암기 위주의 주입식에서 남들과 토론하고 함께 문제를 해결하는 방식으로 변화되고 있습니다. 기업도 단순히 필기시험의 성적이나 스펙보다는 구체적이고 상세한 질문과 이에 대한 답변 능력을 보는 면접을 중시하고 있습니다. 이는 사회가 복잡해지면서 어느 한 분야의 전문지식보다는 학문 간의 협업과 시너지가 중요해지고 있기 때문입니다. 이 모든 밑바탕이 스피치나 토론과 같은 커뮤니케이션 능력이라는 사실은 두말할 나위 없습니다.

실제로 서울의 한 유명 사립대 입학처장이었던 A교수는 자기 자녀의 대학입시를 2년 앞두고 교육법을 확 바꾸었습니다. 초등학교 때부터 다녀온 영어와 수학 학원을 그만두고 독서토론 지도사를 구해 매주 두 권씩 책을 읽고 함께 토론하도록 했습니다. 수학도 단순히 문제지에 정답을 써내는 게 아니라 말로 풀이과정을 설명하게 했습니다.

입시 업무의 총책임자인 그가 새로운 교육 방식을 적용한 이유는 무엇일까요? 해가 바뀔수록 신입생들의 필기시험 점수는 좋아지지만 커뮤니케이션 능력이 떨어지고 있다는 것을 깨달았기 때문입니다. 즉, 주어진 답은 잘 구해도 스스로 문제점을 찾고 남들과 의견을 나누는 것을 어려워하는 학생들이 점점 늘고 있습니다. 대학 공부는 고등학교 때와 많이 다릅니다. 고등학교 때까지는 혼자 정답을 찾는 공부가 통했는지 몰라도 대학생이 되면 함께 토론하고 협업하는 학습이 어느 때보다 절실하게 필요합니다.

그렇기 때문에 독일과 프랑스 등 선진국들은 말하기와 글쓰기 위주의 수업을 매우 중시합니다. 독일의 경우 대학에선 필기시험보다 구술시험을 치르는 일이 많고, 프랑스의 대입 논술시험인 '바깔로레아'는 유명합니다.

실제로도 커뮤니케이션을 통한 교육법은 학습 효과가 매우 뛰어납니다. 미국 행동과학연구소에 따르면 학습 후 24시간 뒤 기억에 남는 비율은 일방적 수업의 경우 5%에 불과했지만, 토론 수업이나 체험·실습 수업과 같은 참여 학습은 각각 50%와 75%가 기억에 남았습니다. 이처럼 참여 학습의 효과는 매우 큽니다. 최근 유행하는 플립러닝(flipped learning)방식도 대표적인 커뮤니케이션 학습법입니다.

미국 캘리포니아대 제임스 머피(James J. Murphy) 교수는 그의 책《디베이트 가이드》에서 "케네디와 클린턴, 오바마 등은 대학시

절부터 활발한 토론활동을 하며 지식을 지혜로 바꾸는 훈련을 해왔다"라고 말합니다. 또한 "대학 입학이나 사회생활에서 토론 능력은 인생을 결정짓는 매우 중요한 요소"라고 설명합니다. 즉, 커뮤니케이션 능력은 사회생활과 성공에 필요한 매우 중요한 기준이 된다는 것입니다.

커뮤니케이션 능력 중에서도 특히 중요한 건 경청 능력입니다. 우리는 보통 커뮤니케이션 능력 하면 말을 잘하는 것을 떠올리지만 선진국에서는 그렇게 가르치지 않습니다. 말을 잘하는 방법보다는 상대방의 말을 듣는 것은 타인에 대한 배려가 아니라 '의무'라고 가르치죠. 그렇다면 경청이 중요한 이유는 무엇일까요? 말을 잘하고 글을 잘 쓰기 위해선 요지를 잘 파악하고, 자신의 주장을 효과적으로 펼 수 있어야 합니다. 상대방이 무슨 말을 하는지도 모르는데, 내 의견만 내세워서는 좋은 커뮤니케이터가 될 수 없습니다. 즉, 커뮤니케이션에서 첫 번째로 필요한 건 경청을 통해 타인의 메시지를 정확하게 파악하는 것입니다.

미국의 커뮤니케이션 전문가 래리 버커(Lary L. Berker)에 따르면 보통 사람은 깨어 있는 시간의 70%를 커뮤니케이션하는 데 사용한다고 합니다. 그중 가장 많은 시간을 사용하는 것은 듣기(48%)이고 그 다음이 말하기(35%), 쓰기(7%), 읽기(1%) 순서입니다. 그러나 듣기가 커뮤니케이션의 절반을 차지함에도 남의 말을 잘 듣는 것은 쉬운 일이 아닙니다.

여론조사 전문기관인 한국리서치 조사에 따르면 '한국인은 소통을 잘 못한다'고 답한 응답자가 40%나 되었습니다. 반면 '소통을 잘한다'는 응답은 8%에 그쳤습니다. 소통을 잘 못하는 이유로는 '경청하지 못해서'(75%, 복수응답)가 가장 많았습니다. 자신의 이야기를 경청해주는 사람으로는 친구(63%, 복수응답)와 어머니(60%)를 가장 많이 떠올렸습니다. 특이한 점은 이런 사람으로 아버지를 꼽은 비율이 44%에 그쳐 '업무로 처음 만난 사람'(46%)보다 오히려 적었다는 점입니다.

그렇다면 왜 경청이 어려울까요? 그 이유는 뇌의 정보 처리 능력이 사람이 말하는 속도보다 훨씬 빠르기 때문입니다. 보통 사람은 1분간 150~250개의 단어를 말하는데 뇌는 400~800개 단어를 이해할 수 있습니다. 타인의 말에 집중하지 않으면 자연스럽게 다른 생각에 빠지기 쉽다는 이야기입니다. 경청이 잘 안 되는 또 다른 이유는 자신의 판단을 미리 정해놓고 남의 말을 형식적으로 듣기 때문입니다. 처음부터 결론을 내려놓고 들으면 상대방이 아무리 설득력 있고 감동적인 이야기를 해도 받아들이기 쉽지 않습니다.

그렇다면 경청을 잘하기 위해선 어떻게 해야 할까요? 먼저 상대 이야기에 집중하려고 의식적으로 노력해야 합니다. 열린 마음을 가져야 한다는 이야기입니다. 원래 커뮤니케이션의 라틴어 어원인 '코뮤니카레(Communicare)'는 '공유한다'는 의미입니다. 소통의 본질은 자기의 메시지를 일방적으로 전달하고 끝나는 것이 아니라 상대방이 이해하도록 노력하는 것입니다.

경청 능력을 키우기 위한 대표적 방법은 '구성적 듣기와 말하기'를 해보는 것입니다. 이는 그림이나 영상 등 자신이 본 것을 머릿속으로 상상하며 말하는 훈련입니다. 반대로 들은 내용을 그림으로 그려보며 귀담아 듣는 습관을 들이는 방법도 있습니다. 두 가지 방법은 특히 어린이와 청소년에게 관찰력과 집중력을 높이는 데 효과가 큽니다. 유대인의 '하브루타' 교육 방식도 비슷한 원리입니다.[24] 이것은 초등학교 저학년 때부터 수업은 물론 일상에서 짝을 지어 토론하며 반대 의견을 존중하는 법을 익히는 교육 방식입니다.

페이스북의 설립자 마크 저커버그 역시 경청을 잘하고 커뮤니케이션 능력이 뛰어난 것으로 유명합니다. 그가 미국 하버드대에 다니던 2004년 로마예술사 중간고사의 사례는 커뮤니케이션이 학습에서 왜 중요한지 잘 보여주는 사례입니다. 당시 저커버그는 함께 수업을 듣던 친구들에게 한 가지 제안을 했습니다. 혼자 공부하지 말고 여럿이 함께 자료를 공유하고 토론하자는 것이었습니다. 저커버그는 각자 바쁜 일정들이 있으니 본인이 만든 웹사이트에 작품 사진을 올리고 댓글과 채팅을 통해 토론을 하자고 제안했습니다. 그러나 성적이 뛰어난 학생들은 대부분 저커버그의 제안을 거절했다고 합니다.

대신 몇몇의 무리들이 저커버그의 제안에 따랐습니다. 이들은 작품과 그에 대한 해석을 게시판에 올리고 서로 토론을 했습니다.

---

24) 유대인의 교육법에 대해서는 뒤에서 자세히 서술한다.

다른 학생들이 도서관에서 책에 파묻혀 있을 때 이들은 인터넷상에서 거친 논쟁을 벌였습니다. 그 결과 수십 권의 책을 읽던 학생보다 웹사이트에서 토론을 벌였던 학생들이 더욱 높은 점수를 받았다고 합니다. 저커버그는 시험이 끝나고 이 웹사이트를 발전시킨 프로그램을 세상에 내놓았는데, 그것이 바로 '페이스북'의 시초가 되었습니다.

오너임에도 불구하고 직원들과 격의 없는 토론과 논쟁을 즐기는 것으로 유명한 저커버그는 공부에 대한 개념도 남다릅니다. 그에게 공부는 남에게 뭔가를 배우는 것이 아니라 자신의 지식을 함께 나누는 것입니다. 이는 그가 나온 고등학교인 필립스 액시터 아카데미의 철학이기도 합니다. '고교 하버드'라고 불리는 액시터는 졸업생의 30%가 아이비리그에 진학하는 미국 최고 명문학교 중 하나입니다.

액시터에는 교실마다 '하크니스'라 불리는 원형 테이블이 있는데, 여기서 교사 1명과 15명 내외의 학생들이 둘러앉아 수업을 합니다. 학생들은 일방적 강의를 듣는 게 아니라 팀별 과제 발표와 토론을 통해 스스로 공부합니다. 교사가 전날 공부할 주제를 미리 정해주면 학생들은 스스로 관련 자료를 조사해 토론거리를 찾아 발제합니다. 주제에 대해 학생들은 자유롭게 의견을 나누고 서로가 알고 있는 지식을 공유합니다. 이 학교에서 공부의 정의는 나보다 나은 누군가에게 배우는 것이 아니라, 서로가 알고 있는 지식을 함께 나누고 지혜를 키우는 것입니다. 재미있는 것은 이 학교엔 이름

옆에 사진이 붙어 있는 출석부가 있는데, 그 애칭이 바로 페이스북입니다.

앞으로 사회는 다양한 전문성이 요구되고 전문성의 깊이 또한 매우 깊어질 것입니다. 그와 동시에 각 영역과 분야 간의 연결성 또한 더욱 커질 것입니다. 이런 사회에서 상호 간의 의사소통이 필수적인 요소입니다. 국경이 사라지는 사회에서 다양한 배경과 문화를 지닌 이들이 서로 어울리는 능력 또한 무엇보다 필요한 것입니다. 그 모든 전제가 커뮤니케이션입니다. 협업을 할 때에도 일의 성과를 좌우하는 핵심적인 요소는 의사소통입니다. 현재는 물론이고 앞으로도 커뮤니케이션 능력은 갈수록 중요해질 수밖에 없습니다.

이와 더불어 꼭 필요한 것 중 하나는 공감 능력입니다. 큰 틀에서 보면 소통 능력 안에 포함되지만, 좀 더 자세히 살펴보겠습니다. 2013년 버락 오바마 당시 미국 대통령이 겪었던 일입니다. 그는 '9·11 테러' 이후 12년 만에 대(對) 테러 정책의 변화를 발표하고 있었습니다. 그런데 그때 청중 속에 있던 한 반전 운동가가 계속해서 연설을 방해했습니다. 그는 미디어 벤저민이었습니다. 오바마는 정중히 자리에 앉아 달라고 요청했지만 세 차례나 연설이 중단될 정도로 벤저민은 막무가내였습니다. 결국 오바마는 연설을 멈추고 벤저민을 향해 말했습니다.

언론의 자유에는 당신이 말할 자유가 포함되지만 당신이 듣고 제가 말할 자유도 포함됩니다. 그러나 오늘은 당신에게 기꺼이 말할 기회를 드리겠습니다. 당신의 주장에 동의하진 않지만 당신의 목소리는 충분히 들어볼 가치가 있습니다.

벤저민은 미국의 대테러 정책에 대한 온갖 비판을 쏟아냈습니다. 그의 발언을 경청하던 오바마는 모든 소란이 끝난 뒤에야 다시 차분하게 연설을 이어갔습니다. 그 일이 있고 일주일이 지난 뒤 벤저민은 영국 〈가디언〉에 실은 칼럼에서 자신의 말을 들어준 오바마에게 감사의 뜻을 표했습니다. 자신의 소란에도 흥분하지 않고 공감을 표시해준 오바마에게 고마움을 전했습니다. 이 일로 오바마는 미국의 정책을 반대하던 이들 사이에서도 신임을 얻게 되었습니다.

오바마는 2009년 미 대통령 취임 연설에서도 뛰어난 공감 능력을 보였습니다. 총 18분 동안 2,393개의 단어를 구사했는데, 이중 가장 빈도가 높은 단어는 'our'(우리의, 68회)와 'we'(우리, 62회)였습니다. 반면 'I'(나)는 딸과 관련한 개인사를 언급하며 3회밖에 쓰지 않았습니다. 사소한 부분일지 모르지만 오바마는 '나'라는 표현 대신 '우리'라는 표현을 사용함으로써 듣는 이로 하여금 큰 공감을 일으킨 것입니다.

이처럼 공감 능력은 사람의 마음을 얻는 데 매우 중요한 요소입니다. 또한 공동체 생활에서 개인들이 갖춰야 할 필수 능력 중 하나입니다. 특히 사회가 다변화되면서 다양한 생각의 차이를 조율하고 상대의 감정까지 헤아리기 위해서라도 공감 능력은 필수입니다. 실제로 많은 전문가들은 앞으로 사회에선 공감 능력이 더욱 중요해질 거라고 이야기합니다.

2017년 영국의 BBC는 "사람의 감정을 다루는 직업, 즉 공감 능력이 필요한 일은 로봇이 인간을 대신할 수 없을 것"이라는 전망을 내놓았습니다. 인간의 감정을 다루는 직업, 특히 공감 능력을 필요로 하는 일자리만큼은 없어지지 않을 것이라는 설명입니다.

인간의 얼굴과 목소리로 감정을 흉내낼 수 있는 기술이 개발되고 있지만 그것은 어디까지나 흉내를 내는 것일 뿐입니다. 사람의 감정과 온기가 배어 있는 진짜 공감과는 다를 수밖에 없습니다. 예를 들어 AI 의사 왓슨이 병을 진단하고 처방을 내리는 데 있어서는 인간 의사보다 월등할 수 있습니다. 하지만 아픈 이들을 따스하게 돌보고 그들의 감정에 공감해줄 수 있는 건 결국 인간의 역할입니다. 학교에서도 새로운 지식을 전달하는 것은 AI 교사가 할 수 있지만, 학생들의 고민을 들어주고 함께 감정을 나누는 건 사람의 일입니다.

우리가 흔히 구분하는 인간의 두 가지 특성은 이성과 감성입니다. 그러나 이성의 영역에 포함되는 논리와 추론 등의 능력은 이미 AI가 인간을 따라잡기 시작했습니다. 오랫동안 다른 동물과 인간의 존재를 구분하던 이성의 영역이 AI에 의해 침범당하기 시작한 것입니다. 그렇다면 인간이 AI와의 경쟁에서 이길 수 있는 방법은 무엇일까요? 바로 감성의 능력을 키우는 것입니다. 대표적인 게 공감 능력입니다. 그렇다면 공감 능력이 인간의 본질적 속성일까요? 그 해답은 '시장'의 아버지 애덤 스미스(Adam Smith)에게서 찾아보겠습니다.

사실 우리는 애덤 스미스를 경제학자로만 알고 있습니다. 그가 쓴 《국부론》 때문입니다. 물론 《국부론》은 근대 자본주의의 토대를 마련한 기념비적 도서가 됐지만 스미스가 살았던 18세기 영국에선 오히려 혁명서에 가까웠습니다. 스미스 본인 또한 자신을 경제학자라고 생각해본 적은 한 번도 없습니다.

《국부론》에서 스미스는 개인의 자유를 강하게 주장했지만, 당시 사회 분위기에선 쉽게 받아들여지지 않았습니다. 이 시기는 아직 강력한 왕이 존재하는 절대왕권 국가였기 때문입니다. 결과적으로 그의 생각은 자본주의의 발전뿐 아니라 민주주의의 꽃을 피우는 데도 큰 영향을 미쳤습니다.

스미스는 국가가 개인의 경제 활동을 통제하지 않는 자유경쟁 상태를 가정합니다. 그리고 그 사회는 '보이지 않는 손'에 의해 저절로 시장이 돌아간다고 말합니다. 시장에선 파는 사람과 사는 사람 모두가 최대한의 자유를 보장받을 때 만인이 만족할 수 있고, 국부 또한 커진다는 것이 스미스의 주장입니다. 이는 개인의 욕망을 억압해왔던 구시대의 종교적 질서를 무너뜨리며 개인의 이기심이 사회 발전의 원동력이라고 강조한, 당시로선 혁명과도 같은 이념이었습니다.

우리가 저녁 식사를 할 수 있는 것은 정육점과 술집, 빵집 주인의 자비심 때문이 아니다. 단지 그들이 자기 이익과 욕심을 채우려는 의지 때문이다. 그들의 박애심이 아니라 자신의 이익에 호소하는 것이며, 우리의 필요가 아니라 그들의 이익 때문에 세상이 돌아간다.

그러나 스미스는 개인의 자유만을 강조하지는 않았습니다. 사실 스미스는 《국부론》을 쓰기 전에 글래스고대학의 유명한 도덕철학 교수였습니다. 인간 사회에는 신의 의지와 무관하게 돌아가는 독립된 운영 원리가 있다는 것이 그의 핵심 철학이었습니다. 그는 이 원리를 도덕감정, 즉 '공감'이라고 불렀습니다.

스미스가 생각한 공감은 상대의 입장에서 동일한 감정을 느끼고 생각하는 능력입니다. 신분이 높든 낮든, 교육받았든 못 받았든 간에 인간이면 누구나 역지사지의 심성이 있다는 것입니다. 그는 타인의 슬픔과 기쁨을 함께 느낄 수 있는 공감의 마음이 인간의 가장 본원적 감정이라고 생각했습니다. 이 같은 스미스의 생각을 정리한 책 《도덕감정론》은 당시에 일약 베스트셀러가 되었습니다.

그런데 한 가지 의아한 점이 있습니다. 타인에 대한 공감과 배려를 통해 공동체의 가치를 강조하는 《도덕감정론》의 주장은 이기심과 욕망, 자유를 역설했던 《국부론》의 내용과 상당히 거리가 있어 보입니다. 맹자의 '측은지심'과 같은 공감에 대한 스미스의 이야기는 전혀 《국부론》과 닿아 있지 않습니다.

그러나 여기서 우리는 중요한 한 가지를 놓치고 있습니다. 그동안 우리가 《국부론》을 잘못 이해하고 있었다는 것입니다. 개인의 자유를 최대한으로 확대하라는 스미스의 주장 밑에 깔린 전제는 인간은 모두가 공감 능력을 갖고 있다는 것이었습니다. 측은지심과 역지사지 같은 공감의 원리가 전제될 때만 '보이지 않는 손'이 제대로 작동할 수 있다는 이야기입니다.

먼 옛날 맹자는 동물과는 다른 인간의 근원적 특징으로 '인의예지(仁義禮智)'를 제시했습니다. 그런데 이중 첫째가 측은지심, 곧 공감하는 마음입니다. 타인의 심정과 상황을 내 것처럼 여길 수 있어야 진정한 사람이라는 의미입니다. 아마 지금까지는 똑똑하고 유능하지만 제 주변을 살필 줄 모르는 사람도 사회적으로 성공하고 출세할 수 있던 시대였는지 모릅니다. 하지만 앞으로의 사회에서는 이런 부류의 사람들이 제일 먼저 AI로 대체될 가능성이 큽니다.

산업화 시대에서 강조해왔던 인간의 역량은 IQ였습니다. 하지만 미래사회에선 공감을 바탕으로 타인들과 얼마나 관계를 잘 맺느냐 하는 것이 더욱 중요한 능력이 될 것입니다. '사회지능지수(SQ, Social Quotient)라는 개념을 처음 주장한 다니엘 골드만(Daniel Goldman)은 "앞으로의 사회에서 성공 가능성이 높은 사람들은 상대의 이야기를 잘 들어주고, 공감 능력이 뛰어나며 서로를 배려할 수 있는 사람"이라고 말합니다. 이 같은 주장은 AI가 전 사회에 확산될 미래사회에 더욱 큰 설득력을 갖습니다. 앞으로 공감의 마음은 사회생활에 있어 가장 중요한 능력 중 하나가 될 것입니다.

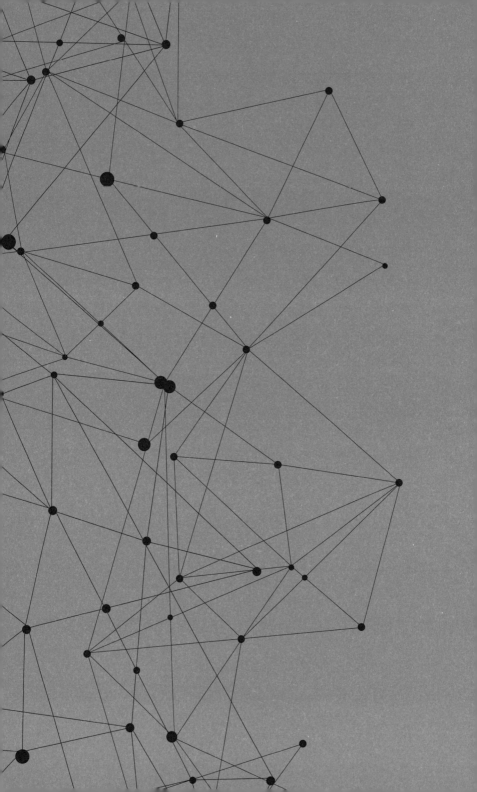

Chapter 4

AI를 활용할 능력

상상과 도전의 원천, 스토리

⋮

역사상 가장 많은 소설과 예술 작품으로 소개된 신화와 전설은 무엇일까요? 아마도 그리스·로마 신화일 것입니다. 수백 명의 신이 등장하는 이 신화는 인간사만큼 복잡하고 다양한 이야기가 펼쳐지죠. 그렇다면 그 다음은 무엇일까요? 바로 잃어버린 대륙 아틀란티스입니다. 이는 동서양과 고금을 넘나드는 기발한 상상력의 원천이 되고 있습니다.

최근에는 BBC가 〈아틀란티스〉를 성인용 장편 드라마로 제작해 큰 화제를 모았습니다. 이처럼 아틀란티스는 인류 역사상 가장 많은 문학과 예술 작품에 영감을 준 이야기 중 하나입니다. 심지어 경험주의 철학자로 사상사에 한 획을 그은 프랜시스 베이컨(Francis Bacon)조차 1627년 《새로운 아틀란티스(New Atlantis)》라는 소설을 쓰기도 했습니다. 귀납법을 통한 실증 학문의 선구자였던 그가 신화 속 이야기를 다룬 작품을 썼다는 사실이 놀라울 따름입니다.

미국의 정치가이자 신화 작가였던 이그나티우스 도넬리(Ignatius Donnelly)도 1882년 발간한 《아틀란티스, 대홍수 이전의 세계》라는 책에서 대서양 한가운데 아틀란티스가 존재했다고 주장했습니다. 또한 인간이 원시생활을 벗어나 처음 문명을 이룬 시대이며, 성경 속 에덴동산의 모델이 된 곳이라고 설명했습니다.

2차 세계대전 중 히틀러 또한 아틀란티스의 전설을 찾아다녔습니다. '아넨엘베'[25]라는 단체를 만들어 숨겨진 보물과 문명의 유적을 발굴하기 위해 노력했습니다. 아넨엘베의 수장이었던 히믈러는 아틀란티스를 발견해 독일 민족(아리아인)의 우수성을 증명하려고 했습니다. 아서왕의 전설에 나오는 카멜롯, 예수가 최후의 만찬에서 사용했던 성배 등도 발굴 대상이었습니다. 그러나 아넨엘베는 이렇다 할 성과를 내지 못하고 나치의 패전과 함께 역사 속으로 사라집니다. 영화 〈인디아나 존스〉시리즈에서 유적 발굴 때마다 존스를 방해하는 독일군 집단이 바로 아넨엘베입니다.

이처럼 아틀란티스는 인류 문명에 커다란 선물을 안겨줬습니다. 수천 년간 아틀란티스는 인간의 지적 호기심을 자극하며 많은 이들을 탐험의 세계로 이끌었습니다. 미지의 세상에 대한 인류 모험의 시작이 아틀란티스부터였다 해도 과언이 아닙니다. 아틀란티스

25) '독일유산조사단(Forschungsgemeinschaft Deutsches Ahnenerbe)'

에서 비롯된 인류의 탐험 욕구는 15세기 아메리카 대륙 발견과 함께 대항해 시대를 이끌었고, 지금은 우주에 대한 탐사로까지 발전해 있습니다. 몇 년 전 일론 머스크의 스페이스X는 본격적인 우주시대를 열 팔콘9 우주선을 쏘아 올렸습니다. 그리고 그 안에는 테슬라에서 만든 자동차 로드스터가 실려 있었습니다. 잃어버린 대륙에서 시작한 인간의 탐험 욕구는 이제 우주로까지 뻗어나가고 있습니다.

이처럼 많은 사람들의 도전과 흥미로운 이야기로 역사의 한 페이지를 장식하고 있는 아틀란티스는 현존하는 모든 신화와 전설 중에서도 가장 신비롭고 재미있는 소재입니다. 그런데 이처럼 흥미진진한 아틀란티스의 이야기가 처음 나온 곳은 어디일까요? 민담과 설화처럼 구전으로만 전해지던 내용일까요? 아니면 누군가가 지어낸 이야기일까요?

원래 신화와 전설은 구전되어오는 여러 가지 버전들이 융합돼 하나의 주된 스토리로 만들어집니다. 그러나 아틀란티스는 다른 이야기들과 달리 확실한 원전이 있습니다. 이를 처음 기록한 분명한 주체가 있다는 것입니다. 놀랍게도 그 사람은 바로 플라톤입니다. 서구 '이성철학(reasonable philosophy)'의 원조인 플라톤이 아틀란티스의 시초라는 사실이 놀랍지 않습니까?

천재 시인 에머슨이 "철학은 플라톤이고, 플라톤은 철학"이라는 말을 남겼듯, 그는 철학의 아버지였고 인간 이성의 대변자였습니다. 그런 플라톤이 믿기 어려울 정도로 상상이 가득한 아틀란티스 이야기의 시초였다니 그저 놀라울 따름입니다. 어쩌면 플라톤의 말이었기에 후대의 많은 사람들이 이를 더욱 믿고 실제 아틀란티스를 찾아 헤매고 다녔는지도 모릅니다.

플라톤의 저작은 크게 세 시기로 나뉩니다. 스승인 소크라테스의 죽음 이후 이집트 등을 여행하며 40세 무렵까지 쓴 《소크라테스의 변론》, 《크리톤》, 《프로타고라스》, 《고르기아스》 등이 초기 작품입니다. 플라톤 저서에는 주인공으로 소크라테스가 등장합니다. 소크라테스가 다른 주인공과 대화를 나누는 방식으로 기술되어 있는 것입니다. 이 때문에 초기 작품들은 플라톤 개인이 아니라 스승인 소크라테스의 생각을 정리한 것이라는 주장도 나옵니다.

그러나 시간이 흐를수록 플라톤 개인의 색깔이 강해집니다. 예를 들어 초기 작품에서는 매우 비판적 입장을 보이던 《수사학》에 대해 중기 작품인 《파이드로스》에서는 '영혼을 이끄는 인도술'로 표현하며 학문적인 가능성을 부여한 것이 대표적입니다. 이처럼 그가 교육기관인 아카데미아를 세운 40세 이후의 저작들을 중기로 분류하는데 《향연》, 《국가》, 《파이돈》 등이 여기에 해당합니다. 이후 60세가 넘어 노년에 들어서 쓴 후기 작품으로 《정치가》, 《법률》 등이 있습니다. 그리고 이때 문제의 저작 《티마이오스》와 《크리티아스》가 나옵니다. 바로 여기서 아틀란티스의 이야기가 처음 등장합니다.

플라톤은 크리티아스와 소크라테스의 대화로 이야기를 풀어갑니다. 크리티아스는 자신의 증조부 드로피데스가 솔론에게 들은 이야기라면서 9000년 전, 즉 BC 9400~9500년경에 존재하던 신비의 대륙에 관해 설명합니다. 그곳의 이름은 아틀란티스로, 헤라클레스의 기둥[26]밖에 존재하던 나라였다는 것입니다.

아틀란티스는 뛰어난 기술이 밑바탕이 되어 만들어진 철저한 계획 도시였습니다. 문명은 고도로 발달해 있었고, 도시민들의 교양과 지혜의 수준도 높았습니다. 절대적인 왕이 존재했지만 모든 의사결정은 과반수로 정했습니다. 섬에는 온갖 자원이 풍부했습니다. 지상에서 채집할 수 있는 모든 향료와 꽃 · 열매가 있었고, 사람들은 사이좋게 나눠 썼습니다.

하지만 '지상낙원'이던 아틀란티스에도 어두운 그림자가 드리워집니다. 포세이돈의 피가 흐르는 아틀란티스인들은 신과 인간의 혼혈이었지만 세대를 거듭할수록 '신성'을 잃게 됩니다. 욕망과 물질에 탐닉하면서 사치스럽고 탐욕적이게 변해갔습니다. 더 높은 욕망과 선정적인 자극을 추구하면서 인내력과 평정심을 잃게 되었고, 결국 수준 높았던 시민의 교양과 지혜를 잊어버리게 되었습니다. 결국 신들의 노여움을 산 아틀란티스는 대지진과 홍수로 멸망에 이릅니다.

원래 아틀란티스 이야기는 《헤르모크라테스》까지 세 권으로 기획되었지만 두 번째 책인 《크리티아스》로 갑자기 끝나고 맙니다. 책이 미완으로 남으면서 후대인들의 호기심과 상상력을 더욱 증폭

---

26)지브롤터 해협의 바위산, 지중해에서 대서양으로 나가는 길목.

시켰습니다. 예를 들어 이집트가 문명의 완전체로 인류 역사 앞에 나타난 것은 아틀란티스의 후손들이 기여했기 때문이라는 해석이 나오는 식입니다. 또 고대 이집트의 역법은 현대와 달라서 플라톤이 말한 '9000년 전'은 실제론 BC 3000~4000년경이라는 설도 있습니다.

그러나 아틀란티스가 정말 '실화'였는지 증명할 길은 없습니다. 하인리히 슐리만이 트로이의 유적을 발굴했던 것처럼 실체를 발견해내기 전까진 이런 논란이 계속될 것입니다. 다만 플라톤 전후로 아틀란티스를 다룬 기록이 없다는 점에서 아틀란티스는 허구일 가능성이 크다는 게 학계의 중론입니다.

그렇다면 플라톤은 왜 아틀란티스라는 상상의 나라를 만들어 마치 실재했던 역사처럼 기술해 놓았을까요? 그토록 이성적이고 합리적이며 심오했던 플라톤이 노년에 들어 갑자기 '소설'을 쓴 이유는 무엇일까요? 늘 진지했던 사람이 갑자기 상상 속 이야기를 진짜인 것처럼 속여 책을 쓴 데에는 분명한 의도가 있지 않았을까요?

전문가들은 《크리티아스》가 쓰여진 시기로 대략 BC 369년경을 제시합니다. 이때는 플라톤이 60세가 되어 정치적 야심과 도전이 모두 실패로 돌아가고 강연과 저작 활동에만 매진할 때였습니다.

노년의 플라톤이 살던 아테네는 이미 전성기를 지나 쇠락해가던 시절이었습니다. 스파르타와의 전쟁에서 굴욕을 당하고 내전을 겪으며 국력이 약해졌습니다. 그리스 반도로 남하하던 마케도니아의 군세는 계속 커져가면서 아테네는 무기력한 상태로 빠져들었습니다. 결국 플라톤이 죽고 얼마 후 아테네는 카이로네이아 전투(BC 338년)에서 필리포스 왕이 이끄는 마케도니아에 격퇴당하며 그리스 세계의 종말을 맞게 됩니다. 그리고 얼마 후 필리포스에 이어 즉위한 알렉산더는 서양 최초의 대제국을 건설합니다.

플라톤은 시라쿠사라는 도시국가의 디오니시오스 2세의 선생이 돼 자신의 철인정치를 실현하려고 했지만 실패로 돌아갑니다. 결국 노년의 플라톤은 쇠망해가는 아테네를 바라보며 현실 세계를 깊이 부정하고 있지 않았을까 추측해봅니다. 결국 자신이 이상으로 삼고 싶은 국가의 모습, 정치의 체제, 군주의 덕목 등을 아틀란티스라는 상상 속 나라에 투영하기로 결심했다는 것입니다. 그리고 아틀란티스인들이 사악한 권력과 탐욕에 눈이 멀어 '신성'을 잃어버리고 멸망하게 된 것처럼, 당시 아테네인들에게도 경고하고 싶던 것은 아닐까요? 아틀란티스에 대한 플라톤의 마지막 서술은 다음과 같습니다.

신들의 왕인 제우스는 이를 내려다보는 능력이 있었다. 뛰어난 종족이 비참한 상태에 빠진 걸 알게 되고, 이들이 자제력을 배워 한 층 더 나은 사람으로 태어날 수 있게 벌을 내리기로 마음먹었다. 제우스는 우주의 중심에서 모든 일을 굽어볼 수 있는 신들의 거처(올림포스)로 모든 신들을 불러들였다. 신들이 모두 모이자 그들에게 이르기를 …

플라톤의 기록은 여기서 끝을 맺습니다. 미완으로 남긴 채 자신의 책을 마무리했습니다. 이로 인해 후세의 많은 사람들이 숨겨진

퍼즐 조각을 찾아 먼 여행을 떠나게 만들었습니다. 결국 플라톤은 아틀란티스를 통해 현실에선 더 이상 실현하기 어려운 이상국가의 모습을 제시하고, 또한 그런 이상국가도 인간의 무지와 어리석음 때문에 멸망했다는 경고를 하고 싶었던 것이었습니다. 아틀란티스 인들을 멸망으로 이끈 것은 '신성'을 잃어버렸기 때문인데, 아테네도 몰락을 피하려면 그런 '신성'을 되찾아야 한다는 외침이었던 것입니다.

실제로《크리티아스》이후 플라톤이 쓴 사실상 그의 마지막 작품인《법률》에서도 민주정치의 타락과 그 이후에 나타나야 할 이상국가에 대한 모습을 설파하고 있습니다. 그 안에서 이상국가의 체제는 어떠해야 하는지, 이를 위해 구체적으로 무얼 해야 할지 제시하고 있습니다. 이런 연장선에서 볼 때 플라톤은 아틀란티스라는 상상 속 나라를 실재했던 역사인 것처럼 꾸며 자신의 이상 사회론에 대한 근거를 제시하려 했던 것이라고 생각해볼 수 있습니다.

어느 시대이든 그 사회가 이야기하는 역사와 신화, 전설은 결국 미래로 향합니다. 과거를 통해 오늘과 내일을 이야기하고 싶은 것입니다. 플라톤은 아틀란티스라는 먼 옛날의 이야기를 현재로 소환해 미래의 사람들과 대화를 나누고 싶던 게 아니었을까요? 그가 깨달은 진리, 인간 사회에서 중시돼야 할 가치, 철학을 포함한 모든 학문적 지식의 총체가 아틀란티스에 투영되어 있었을 것입니다.

2400년이라는 오랜 시간이 흐른 지금 플라톤이 우리에게 남긴 선물은 두 가지입니다. 첫번째는 탐욕과 오만, 권력과 욕망, 어리석음과 나태 등 인간사회를 피로 물들일 수 있는 그릇된 가치에 대한 경고입니다. 아틀란티스가 갖추고 있던 이상적인 사회 시스템과 발달된 문명도 인간의 잘못된 욕망 앞에선 여지없이 무너지고 만다는 지혜의 가르침을 주고 싶었던 것입니다.

두 번째는 그가 처음 세상에 알린 아틀란티스가 인류에게 화수분처럼 끊이지 않는 지식문화의 창고가 되었다는 점입니다. 그의 이야기는 수많은 문학과 예술 작품의 원형이 되었고, 새로운 세상을 꿈꾸는 상상의 원천이 되었습니다. 그리고 결국에는 과거의 대항해 시대와 현재의 우주 시대를 여는 인간의 탐사 욕구를 키워냈습니다.

이처럼 신화와 전설은, 또는 역사는 인류문화의 거대한 보물창고입니다. 세계의 고전인 그리스·로마 신화, 최근 유명세를 떨치기 시작한 오딘과 토르 등의 북유럽 신화는 호기심과 상상력을 자극하고 문화를 만들어내는 씨앗입니다. 이런 바탕 위에서 《반지의 제왕》과 《해리포터》 같은 현대의 고전들이 탄생할 수 있었습니다.

이웃나라 일본만 해도 향토사학과 지역의 민간설화에 대한 연구가 활발하게 진행되고 있습니다. 그런 것들이 쌓여 일본 애니메이션만의 독특한 캐릭터들을 만들어내고 있죠. 귀엽고 발칙하며 때론 무서운 각종 요괴들의 천국이 일본 스토리 문화의 기저를 이루고 있습니다. 그런 바탕에서 미야자키 하야오 같은 애니메이션의 거장과 포켓몬스터 같은 게임 대작이 나올 수 있던 것입니다.

신화와 전설이 그들이 만들어진 시대 상황을 반영한 것이라면, 그 안에는 당대를 살았던 인간들이 가진 의식의 총합이 녹아 있다고 볼 수 있습니다. 그런 의미에서 본다면 신화 전설 또한 역사의 한 부분이 아닐까요? 물론 실재했던 사건을 역사가들이 기록한 정형화된 역사와는 다른 의미를 가지겠지만 말입니다.

아틀란티스를 통해 알 수 있는 것은 인간 문명 발전의 단초는 호기심과 탐험이며, 이를 북돋우는 것은 신화와 전설 같은 상상력 넘치는 이야기라는 점입니다. 4차 혁명 시대에는 이런 모험 정신과 스토리의 힘이 더욱 커질 것입니다.

우리에게도 그리스·로마 신화나 일본 설화에 못지않은 다양한 이야기 창고가 있습니다. 5000년의 유구한 역사와 그 안에 간직된 수많은 전설과 민담 등이 그 주인공입니다. 하지만 지금의 우리는 지난 이야기들은 오로지 두 가지 용도로 사용하고 있는 것 같습니다. 수능과목 중의 하나이거나 싸움과 갈등의 대상이 그것입니다. 우리는 아직도 역사와 신화, 전설이 훌륭한 자원이 된다는 걸 다른 나라 사람들만큼 깨닫지 못하고 있는 건 아닐까요?

하인리히 슐리만의 아버지가 그랬던 것처럼 우리가 아이들에게 신화와 전설을 많이 읽혀야 하는 이유도 바로 이 때문입니다. 슐리만은 어릴 적부터 호메로스의 《일리아드》와 《오디세이》의 이야기를 수도 없이 듣고 자랐습니다. 그리고 어른이 되었을 때 남들이 허구라며 말렸던 트로이의 유적을 찾아가 실제 트로이를 발굴합니다. 신화를 역사로 끄집어낸 것입니다.

하지만 지금 우리의 교육은 어릴 때부터 영어와 수학 등 현실적인, 도구적인 학문들만 지나치게 가르치고 있습니다. 아이들의 상상이 빈곤할 수밖에 없는 이유가 여기에 있습니다. 신화와 전설을 읽는 건 단순히 재미만을 위해서가 아닙니다. 고대 인간들이 아틀란티스를 탐험하며 새로운 세상을 꿈꾸고 도전 의식을 길렀던 것처럼 인간 문명이 발전할 수 있는 동력을 키우는 길입니다.

어쩌면 플라톤이 우리에게 남긴 가장 큰 유산은 철학만이 아닐지도 모릅니다. 서양철학의 밑바탕이 된 이데아 사상보다, 국가와 정치체제의 이상적 모델보다 더 큰 것은 바로 인간의 상상을 키워준 아틀란티스와 같은 영감일지도 모릅니다. 인간에게 꿈과 모험, 용기를 심어준 것은 어떤 위대한 철학보다 더 큰 의미가 될 수도 있습니다.

앞서 스티브 잡스의 이야기, 특이점 도래 이후의 AI 사회에 대한 전망을 놓고 볼 때 인간의 가장 큰 강점은 바로 창의성입니다. 창의성은 한계점이 없는 상상력에서 배양됩니다. 그리고 상상을 키우는 가장 좋은 소재는 인간이 살아온 수천 년의 스토리입니다. 역사와 신화, 전설이 무궁한 상상력의 원천입니다.

그렇기 때문에 우리는 과거의 이야기들을, 또 소설과 동화 속 주인공들을 더욱 많이 접해야 합니다. 우리가 어린 아이들에게 알라딘과 피터팬의 이야기를 읽어주는 것은 그 자체가 훌륭한 창의성 교육의 교본이 되기 때문입니다. 나이가 어릴수록 아이들에겐 외국어와 수학, 컴퓨터 같은 현실의 학문보다 신화와 전설, 동화 속에 살게 해야 합니다. 그래야 더욱 자유롭게 세상을 꿈꾸고, 기존에 없던 무언가를 만들어낼 수 있는 토양을 다질 수 있기 때문입니다.

그러나 우리 교육 현실은 어려서부터 너무 많은 걸 시킵니다. 유치원에 들어가기 전부터 사교육에 내몰린 아이들은 초등학교, 중학교까지 학원과 과외 스케줄로 가득한 '뺑뺑이'를 돕니다. 결국엔 진짜 공부에 집중해야 할 시기인 고등학교에 올라가서 모든 공부 체력이 바닥나고 정신 상태는 그야말로 '번아웃'이 되어버립니다. 이때에는 이미 학습의 시계를 돌리기가 너무 늦습니다.

아이들의 잠재력은 하얀 도화지와 같습니다. 부모가 알아서 도화지를 채워주면, 혹은 '이거 그려라 저거 그려라' 참견하기 시작하면, 도화지는 얼마 못 가 빽빽하게 차고 맙니다. 그러나 아이들이 좋아하는 것을 스스로 하게 놔두고, 시간과 여유를 준다면 도화지는 자신의 발전 속도에 맞춰 저절로 채워질 것입니다. 아이들의 잠재력이란 도화지에 충분한 여백을 주어야 합니다. 이때 어른이 할 수 있는 것은 단 한 가지, 동화와 전설 같은 상상 속 이야기들을 많이 들려주는 것뿐입니다.

다시 플라톤으로 돌아가볼까요? 세상의 모진 풍파를 온몸으로 겪고, 오랜 영욕의 세월을 보내며 삶의 이치를 깨달은 노회한 철학자가 하필이면 말년에 남긴 책이 아틀란티스에 대한 것이었습니다. 왜 그랬을까요? 서구 문명의 설계자인 플라톤이 뭐가 아쉬워서 마지막에 이와 같은 허황된 이야기를 지어냈을까요? 그가 끝으로 후손들에게 강조하고 싶었던 가치는 바로 상상과 도전, 꿈이 아니었을까요?

세종과 유대인의 공부법, 질문

∴

좋은 질문이 좋은 세상을 만듭니다. 떨어지는 사과에서 시작된 뉴턴의 질문은 중력의 원리를 밝혀냈고, 불평등의 기원을 탐구한 루소의 질문은 복지국가 이론의 모태가 됐습니다. 대다수 종교의 경전 또한 자신에 대한 성찰과 물음으로 진리의 삶을 이끌죠. 반대로 나쁜 질문은 개인과 국가, 나아가 인류 전체를 위기에 빠트립니다. "독일민족은 선택받은 아리아인이 아니냐"던 히틀러의 우문은 유대인 학살과 참혹한 전쟁으로 이어졌습니다. 분노와 반지성에 사로잡힌 문제 제기는 현상을 왜곡하고 미래의 희망을 갉아먹습니다.

그러나 좋은 질문은 쉽게 나오지 않습니다. 지식이 축적되고 오랜 고민의 시간이 켜켜이 쌓인 상태에서만 깊은 통찰이 드러납니다. 수십만 년 전부터 인류는 달과 별이 뜨고 지는 것을 봐왔지만, 꽤 오랜 시간이 지나서야 "지구가 스스로 돌고 있는 것 아닐까?" 하는 질문을 던졌습니다. 어쩌면 현대인이 겪고 있는 문명의 위기는 좋은 질문이 없기 때문일 것입니다. 슬라보예 지젝은 "자판기처럼 해결책을 내놓는 전문가는 많지만, 본질을 깊이 탐구하고 문제를 제기하는 지식인은 없다"고 했습니다. 질문이 없기 때문에 응당 바른 답안도 존재할 수 없는 것이죠.

좋은 질문을 하려면 과학적 사고를 해야 합니다. 세밀한 관찰로 문제를 발견하고, 검증할 수 있는 객관적 가설을 세워야 합니다. 좋은 질문은 사안의 핵심을 파고드는 통찰이며, 인공지능이 따라올 수 없는 창의적 직관입니다. 인과관계가 뒤틀리고 본질을 벗어난 질문은 상황만 악화시킬 뿐입니다.

그런 의미에서 세종은 '질문하는 공부'의 롤 모델 중 하나입니다. 1만 800여 페이지에 달하는 '세종실록'을 살펴보면 그가 자주 사용했던 말버릇을 발견할 수 있습니다. 어전회의를 주재하면서, 또는 경연을 하면서 세종이 가장 많이 썼던 표현은 '경들은 어찌 생각하시오?'입니다. 국가의 중대사를 논할 때도, 집현전 학사들과 격의 없는 토론을 벌일 때도 세종은 가장 먼저 신하들에게 질문을 던졌습니다. 자신의 생각이 이미 정해져 있을 때도 세종은 늘 른 사람의 의견부터 물었습니다.

실록에 따르면 1924년 세종은 3정승과 대제학, 이조판서 등을 불러 사헌부가 제안한 '여수구죄지법(與受俱罪之法)'에 대해 의견을 물었습니다. 뇌물을 준 자와 받은 자를 엄히 가려내 벌을 주도록 하는 법입니다. 그러나 영의정 유정현은 "저 같은 늙은이가 먹을 것을 좀 받아 먹는 것이 무슨 해로울 것이 있겠느냐"며 반대 의견을 펼쳤습니다. 이조판서 허조도 "먹는 것을 주고 받는 건 해로울 게 없는데 하필 모든 걸 금할 필요는 없다"고 주장했습니다. 답변을 듣고 있던 세종은 곰곰이 생각에 빠졌다 다시 말문을 열었습니다. 당시 조정 신하들이 뇌물에 연루돼 탄핵된 사실을 열거하며 법 제정의 필요성을 강조한 것이죠. 얼마 후 사헌부는 '여수구죄지법'을 공표했습니다.

1432년 11월 열린 어전회의에서는 세종이 "백성이 법 조항을 모두 알게 할 순 없지만 형법의 주요 내용을 이두문으로 번역해 반포하는 게 어떻겠느냐?"고 물었습니다. 그러나 신료들은 세종의 제안에 정색했습니다. 특히 이조판서 허조의 반대가 거셌죠. 그는 "간악한 백성이 법을 알게 되면 죄의 크고 작은 것을 헤아려 두려워하지 않고 제 마음대로 농간하는 무리가 생길 것"이라고 말했습니다. 그러자 세종은 "백성이 법을 몰라 죄를 짓게 하고, 범법자를 벌 주는 것은 조사모삼(朝四暮三)의 술책이 아니냐"고 반박했습니다. 이 듬해인 1433년 백성이 관리들의 비리를 고발하지 못하도록 한 '수령고소금지법'을 개정할 때도 세종은 백성의 말을 듣는 통로를 봉쇄해선 안 된다고 강조했습니다.

세종이 정치를 펴면서 많은 질문을 던지고, 신하들과 숱한 토론을 할 수 있던 이유는 그가 '공부하는 임금'이었기 때문입니다. 대표적인 게 1436년 '의정부서사제(議政府署事制)'[27] 실시입니다. 세종의 이 같은 행보는 본인 스스로 공부하는 임금이었기 때문에 가능했습니다. 그는 역사와 과학, 유학 등 모든 분야에 걸쳐 깊이 공부한 가장 모범적인 군주였습니다. 신료들의 이야기를 듣는 언관 활동을 재위기간 동안 월평균 5회씩 치렀으며, 그 과정에서 자신이 모르는 지식은 꼭 찾아서 공부하고 신하들과 토론했습니다. 박현모 여주대 교수의 연구에 따르면 세종의 의사결정은 회의를 통한 것이 63%, 명령이 29%였습니다. 반면 그의 아들인 세조는 명령이 75.3%, 회의가 20.9%로 정반대의 모습을 보였습니다.

역사상 최고의 성군으로 불리는 세종에게서 우리는 리더십뿐 아니라 그의 공부법도 배워야 합니다. 늘 질문하고 토론하는 것. 그 것이 모든 지적 성숙의 첫발입니다. "과학에서 제일 중요한 것은 질문을 멈추지 않는 것"이라는 아인슈타인의 말처럼 질문은 과학을, 넓게는 세상을 발전시키는 가장 큰 원동력이기 때문입니다. 주체적으로 질문할 수 있다는 것은 커뮤니케이션을 능동적으로 이끌어갈 수 있다는 뜻입니다. 질문은 호기심에서 비롯되고, 호기심은 고민과 사유에서 나옵니다. 그러므로 좋은 질문은 생각의 깊이를 더하고 토론에서 바른 합의점을 찾아가는 핵심 열쇠가 됩니다. 세종은 타인의 생각을 들으며 자기가 생각지 못했던 부분을 깨닫기도 했고, 꼬리에 꼬리를 무는 질문으로 격한 토론과 논쟁을 벌이기

---

27) 임금이 국사를 결정할 때 3정승과 미리 의논토록 한 것으로 선왕인 태종은 왕권 강화를 위해 이 제도를 반대했다.

도 했습니다. 좋은 질문은 훌륭한 토론의 전제가 되기 때문에 세종은 그 누구보다 훌륭한 커뮤니케이터였습니다.

질문하는 공부법의 효과를 잘 보여주는 또 다른 사례는 유대인의 하브루타입니다. 유대인은 전 세계 인구의 0.2%에 불과하지만 노벨상 수상자의 20%를 차지합니다. 우리가 아는 많은 유명인사가 유대인이기도 합니다. 과연 유대인에게는 독보적 지능의 DNA가 따로 있는 걸까요? 핀란드 헬싱키대학의 연구에 따르면, 180여 개 국가 국민의 지능지수를 조사해보니 이스라엘 국민의 평균 IQ는 95로 26위였습니다. 19위인 미국(98)보다 낮고, 2위인 한국(106)과는 차이가 매우 컸습니다. 유대인이 학문과 정치, 사업 등 대부분의 영역에서 뛰어난 성과를 보이는 것은 지능 때문만은 아니라는 것입니다.

그렇다면 도대체 무엇이 유대인을 유대인답게 만드는 걸까요? 그 요인은 교육에서 찾아볼 수 있습니다. 유대인은 2000년이 넘는 시간을 나라 없이 헤매며 살았지만 그들 고유의 문화와 전통을 지켜왔습니다. 그 핵심은 '토라'와 '탈무드'로 대표되는 교육법입니다. 유대인은 끊임없이 토론합니다. 가정에서 밥 먹을 때, 학교에서 친구들과 쉴 때조차 토론이 생활화돼 있죠. 토론을 통해 자신의 생각을 정리하고, 또 타인과 의견을 나누며 자신이 몰랐던 것을 배웁니다. 토론은 자기주도력을 키우고 궁극적으로 스스로 미래를 설계하는 능력을 갖게 합니다.

토론에 주로 사용되는 교재는 '탈무드'[28]입니다. 탈무드는 수천 년 동안 유대인의 삶에 있어 백과사전 역할을 해왔습니다. 여기엔 법률과 경제, 역사, 과학 등 모든 지식이 담겨 있습니다. 탈무드는 보통 하나의 주제를 놓고 랍비와 그의 제자들이 토론을 벌이는 방식으로 구성돼 있습니다. 인생을 살아가면서 겪을 수 있는 다양한 주제, 갈등이 벌어질 때 어느 하나를 택하고 포기해야 하는 딜레마 상황 등 쉽게 선택할 수 없는 주제들을 화두로 제시합니다. 정답을 알려주는 대신 스스로 탐구해야만 답을 얻을 수 있고, 그 답은 각기 다릅니다.

그렇다 보니 탈무드를 읽고 공부하는 방법은 토론밖에 없습니다. 정답을 제시하지 않는 교육은 어떤 효과를 낼까요? 정답과 객관식에 익숙한 우리에게 탈무드는 매우 답답한 교육방식일 수 있습니다. 명확하게 '그렇다, 아니다' 하고 결론을 내릴 수 없기 때문이죠. 그러나 정답이 없기 때문에, 답변이 모호할 수밖에 없기 때문에 학생들은 생각의 근육을 더욱 단단하게 키울 수 있습니다.

선택지를 제시하지 않고 하얀 도화지 위에서 자기 마음대로 그림을 그리도록 하는 것. 그 안에서 창의성이 발현되고 새로운 혁신이 나옵니다. 함께 고민하고 토론하며 진리를 찾아가는 과정이 곧 공부이며, 이를 통해서만 지혜를 키울 수 있다고 믿습니다.

그렇다면 우리도 탈무드를 읽고 유대인처럼 공부해야 할까요? 그렇지는 않습니다. 중요한 것은 탈무드 식 생각법입니다. 정답

---

28) 5~7세기 활동했던 랍비들이 토론을 통해 사회를 구성하는 원리와 질서, 교훈과 지혜 등을 기록한 책. 전체 63권, 1만 2,000여 페이지의 방대한 분량으로 구성돼 있다.

을 찾는 교육이 아니라 문제를 제기하는 교육, 누가 정해준 것을 외우는 공부가 아니라 스스로 답을 구해가는 공부, 단순히 지식을 쌓는 배움이 아니라 함께 지식을 나주며 지혜를 키워가는 공부가 돼야 합니다. 그것만 할 수 있다면 꼭 탈무드가 아니어도 교재는 많습니다.

모든 역량의 기초, 논리

모든 학문 중에서 가장 오래된 것은 무엇일까요? 연구자마다 이견이 있을 순 있겠지만 서양 문명에서 가장 먼저 체계를 잡은 학문을 꼽으라면 '수사학'과 '논리학', '철학' 등일 것입니다. 학문이란 개념이 처음 생겨난 것이 그리스의 도시국가인 폴리스의 소피스트부터였기 때문입니다. 그렇다면 학문이란 무엇일까요? 학문이 되기 위해선 두 가지 전제가 필요합니다.

첫째는 자연과 사회에 존재하는 무수한 정보들 사이에서 인과관계를 찾아내 이론을 만들고, 이 이론들이 모여 지식의 체계를 쌓아야 합니다. 그때서야 비로소 학문이라고 부를 수 있습니다. 둘째는 지식의 체계인 학문이 다른 사람들에게 전달되고 그 사회에서 인정을 받아야 합니다. 즉, 문자로 정리돼 정리된 지식의 체계가 사회에 널리 쓰일 수 있어야 합니다.

그러나 고대 그리스에선 폴리스가 생기기 전까진 제대로 된 문자를 사용하지 못했습니다. 에게 문명은 초기 형태의 선형문자란 것을 사용했지만 에게 문명을 무너뜨리고 중앙집권 왕조를 세운 도리아인에게는 문자가 없었습니다. 도리아 왕조가 집권했던 고대 그리스는 암흑의 시대였던 셈입니다. 그러다 문자가 활발하게 사용되기 시작한 것은 폴리스의 성립 이후부터입니다. 그 당시 활동했던 지식인들이 바로 소피스트였습니다.

소피스트들이 연구하고 가르쳤던 학문이 바로 수사학입니다. 이들은 주로 타인을 설득하고 효과적으로 논증하는 변론술을 가르쳤지만 그게 전부는 아니었습니다. 다시 말하면 수사학이란 학문의 틀 안에서 철학과 논리학 등 모든 학문이 다뤄졌습니다. 당시 수사학은 시민으로서 꼭 필요한 변론 능력을 갖추도록 하는 게 첫 번째 목표였지만 이는 단순히 '말발'을 가르치는 교육이 아니었습니다. 오늘날로 치면 전인교육, 또는 시민교육에 가까웠습니다.

로마의 수사학자 퀸틸리아누스(Marcus Fabius Quintilianus)는 《수사학교육》이라는 자신의 책에서 수사학의 목표를 '말을 잘하는 선인(善人)'을 만들어내는 것이라고 했습니다. 여기서 말을 '잘한다'는 것은 옳은 사고방식을 가지고 이를 행동으로 옮기는 윤리적 실천력까지 포함하고 있습니다. 그렇기 때문에 퀸틸리아누스는 수사학이 말기술을 기르는 것 이전에 올바른 '덕'을 갖추는 것이라고 강조했습니다.

즉, 말을 배움으로써 성숙한 사고방식을 갖게 되고 더 나은 인격체로 성장할 수 있다는 것입니다. 말을 통해 타인과 조화롭게 살 수 있는 사회인으로 성장하게 돕는 것, 전인적인 방식의 교육이 바로 고대의 수사학이었습니다. 이상적인 '덕'을 현실에서 가르치고 바른 품성을 기르는 교육, 오늘날 표현으로 하자면 시민교육이 수사학의 주된 목표 중 하나였던 것입니다. 그렇기 때문에 플라톤 또한 《파이드로스》라는 책에서 수사학을 '영혼을 이끄는 인도술'이라고 했습니다.

실제로도 우리는 말한 대로 행동하게 됩니다. '잘 될 거야', '난 할 수 있어' 같은 좋은 말을 많이 하면 삶의 태도 역시 긍정적으로 변하게 됩니다. 그런 사람에겐 좋은 사람들이 몰려들게 마련입니다. 반대로 사소한 데 짜증내고 부정적인 말을 많이 하면 실제 행동도 안 좋게 하게 될 가능성이 큽니다. 말에는 그 말의 온도와 색깔대로 인생을 이끌어가는 힘이 있습니다.

또 우리가 쓰는 모든 말은 그 사람의 생각에서 비롯됩니다. 앞서 살펴본 것처럼 생각은 곧 언어를 통해 비롯되기 때문에 자신이 말하고 글 쓰는 대로 생각하게 됩니다. 결국 마음과 행동 모두 말의, 언어의 지배를 받을 수밖에 없는 것입니다. 그만큼 내가 쓰는 언어의 중요성이 매우 크다는 이야기입니다.

그런데 가만 생각해보면 우리가 사고를 하는 데 사용하는 수단이 언어밖에 없을까 하는 의문을 가질 수 있습니다. 지금까지 계속해온 이야기는 언어를 통해 인간의 사고력이 결정된다는 것이었습니다. 그런데 여기엔 반론이 있을 수도 있습니다. 그럼 사고력을 결정짓는 또 다른 요인은 어떤 게 있을까요?

학교에서 배우는 교과목을 예로 분류해보면 크게 언어적 사고력과 수학적 사고력으로 나눠볼 수 있습니다. 여기에 근거해 보통 이런 이야기들을 많이 하곤 했습니다. "나는 국어는 잘 하는데 수학엔 영 젬병이야, 그래서 문과를 택했지." 반대로 이런 말도 합니다. "난 계산하는 건 좋은데 글 쓰는 건 너무 어려워." 간혹 국어와 수학을 둘 다 잘하는 사람도 있지만, 대부분은 둘 중 하나에 대한 호불호가 갈리고 그에 따라 문·이과 중 하나를 선택합니다.

그런데 이렇게 구분해서 이야기해도 정말 괜찮은 걸까요? 언어를 잘하면 수학을 못하고, 수학을 잘하면 언어를 못한다는 것이 사실일까요? 가끔 국어와 수학 둘 다 잘하는 사람을 돌연변이 취급하는 게 맞는 걸까요?

곰곰이 한번 생각해봤으면 좋겠습니다. 앞서 인간은 언어를 통해 사고한다고 했습니다. 그런데 언어라는 것엔 한국어와 영어, 중국어, 일본어만 있는 것이 아닙니다. 엄밀히 말하면 컴퓨터의 프로그래밍에 필요한 소프트웨어도 언어의 일종이고, 계산할 때 필요한 정수의 개념과 사칙연산도 언어의 한 종류입니다. 언어는 생각을 표상하는 도구라는 측면에서 그렇습니다.

수학 또한 숫자와 계산식으로 표현된 하나의 언어입니다. 다만 우리가 평소에 자주 사용하는 한국어와 같은 일상 언어와 다를 뿐입니다. 언어 능력이 뛰어나다는 것은 일반적으로 타인의 언어를 쉽게 이해할 수 있고 자신의 생각을 효과적으로 전달할 수 있는 것을 의미합니다. 단, 함축적인 말로 언어의 미학을 살려내는 시인의 경우는 예외로 하겠습니다. 즉 보통의 경우 언어 능력이 뛰어나다는 것은 건 논리와 추상 능력이 뛰어나다는 의미입니다.

여기서 다시 수학을 예로 들어보겠습니다. 수학은 철저하게 논리와 추론으로 이뤄진 학문입니다. 굳이 증명이 필요하지 않은(누구나 참이라고 믿을 만한) 공리와, 공리를 바탕으로 새롭게 증명된 이론, 즉 개념 정의와 공식들의 집합이 수학입니다. 그리고 이들은 모두 논리와 추론이라는 원칙에 따라서 움직입니다. 이 원칙을 가지고 복잡한 세상을 간단히 설명해내는 것이 바로 수학입니다. 방바닥에 놓인 어지러운 물품들을 차곡차곡 정리해 서랍에 넣는 것과 같은 이치죠.

가만 살펴보면 일상적인 언어를 사용하는 방식, 글을 쓰거나 말을 하는 것도 결국은 논리와 추론에 따라 이루어집니다. 말을 잘한다는 것은 상대가 알아듣기 쉽게 논리적으로 이야기 한다는 것이고, 글을 잘 쓴다는 것 역시 주장과 근거를 번갈아가며 논증을 잘 해낸다는 것을 의미합니다. 즉, 언어와 수학은 같은 원리로 움직이고 있다는 것입니다. 이유는 두 가지 모두 인간의 사고를 표상하는 도구이기 때문에 그렇습니다. 그러므로 언어를 잘한다면 그렇지 않은 사람보다 수학을 잘할 가능성이, 수학을 잘한다면 언어를 잘할 가능성이 큰 것입니다.

그렇다면 왜 일반적으로 많은 이들이 언어와 수학 둘 중 하나만 잘할 것이라는 편견을 갖게 되었을까요? 그건 우리가 그만큼 각 분야에 통달할 만큼 훈련되지 않았기 때문입니다. 앞서 언어와 수학의 관계를 이야기하면서 어느 하나를 잘하면 다른 것도 잘할 가능성이 크다고 했을 뿐 저절로 잘하게 된다고 말하지는 않았습니다.

각각의 것들을 잘하기 위해선 그만큼 물리적인 훈련의 시간이 필요합니다. 예를 들어 농구에서 레이업 슛을 잘 넣기 위해선 오랜 연습을 통해 슛을 넣는 전 과정이 몸에 배어야 합니다. 머리로는 방법을 외우고 있어도 몸에 익숙해지려면 물리적 시간이 필요합니다. 언어와 수학도 마찬가지입니다. 기본적으로 논리와 추론의 메커니즘에 따라 움직이지만 이를 잘하기 위해선 농구 연습을 하듯 많은 시간이 필요합니다.

특히 언어를 잘하기 위해선 논리를 구사하는 데 필요한 단어와 문장들을 많이 알고 있어야 하며, 수학을 잘하기 위해선 계산을 하는 데 필요한 명제와 공식들을 훤히 꿰고 있어야 합니다. 하지만 사람의 역량은 한계가 있기 때문에 두 가지에서 모두 역량을 발휘하는 건 쉬운 일이 아닙니다.

요약하면 우리가 쓰는 일상적인 언어와 수학은 한 묶음이라고 볼 수 있습니다. 결국 수학을 열심히 해 수리력을 키우든, 국어를 많이 공부해 생각근육을 단단하게 하든 논리와 추론 같은 사고력이 발달하는 것은 매한가지입니다. 그렇다면 어떻게 해야 우리의 사고력을 키울 수 있을까요? 다음 장에서는 사고력 향상을 위해서는 왜 언어가 중요한지, 나아가 언어를 통해 생각의 근육 키우는 법을 살펴보겠습니다.

사고력을 결정한다, 언어 능력

.
.
.

　500년 후엔 바보만 남는다? 21세기 초반 미국에선 군인들을 대상으로 비밀 실험을 합니다. 그러나 워낙 위험한 과제이다 보니 지원자가 없었습니다. 바로 냉동인간을 만드는 것이었습니다. 결국 부대 안에서도 가장 별 볼 일 없는 병사, 소위 '고문관'으로 통하는 조 바우어가 주인공으로 뽑힙니다. 조는 1년만 잠들었다 깨면 된다는 설명만 듣고 곧바로 냉동수면에 들어갑니다.

　하지만 예상치 못한 사고로 조는 1년 후에 깨어나지 못합니다. 군 수뇌부들도 조가 냉동인간이 된 사실을 까맣게 잊고 맙니다. 그렇게 오랜 세월이 흐른 500년 후의 어느 날 실험실 인근에 산처럼 쌓인 거대한 쓰레기 더미가 무너지면서 조는 긴 잠에서 깨어납니다. 졸지에 500년 후의 미래로 오고 만 것입니다.

이는 2006년 미국에서 개봉한 〈이디오크러시(Idiocracy)〉라는 영화의 내용입니다. 이 영화의 제목은 'Idiot(바보·멍청이)'과 'Democracy(민주주의)'의 합성어입니다. 그렇습니다. 단어의 뜻만 놓고 보면 바보들만 남은 민주주의라는 뜻입니다. 풍자 작가로 유명한 마이크 저지가 감독을 맡았고, 코미디 영화의 대부인 루크 윌슨(조 바우어 역)이 주연을 맡았습니다.[29]

영화 속에서 미래는 과연 얼마나 발전해 있을까요? 500년의 시간이면 정말 뛰어난 과학기술이 실현되어 있을까요? 사람들 역시 지금보다 훨씬 교양 있고 지혜로울 것입니다. 그런데 아이러니하게도 영화 속에서 미래의 사람들은 모두 바보가 되어 있었습니다. 모든 게 자동화되어 인간은 머리 자체를 쓸 일이 없는 세상이 된 것입니다. 사람들은 오직 자극적이고 단편적인 것들에만 반응합니다. 고차원적 사고 같은 건 존재하지도 않습니다. 사람들은 그저 소파에 앉아 감자튀김을 먹으며 TV를 보거나 게임에 몰두하고 있을 뿐입니다.

조가 깨어나고 얼마 되지 않아 오스카상 시상식이 열렸습니다. 그런데 여기서 8개 부문을 휩쓴 작품은 90분 동안 사람 엉덩이만 보여주는 영화였습니다. TV 예능 중 가장 인기 있는 프로그램은 한 남자가 몇 시간 동안 허벅지를 맞는 장면을 보여주는 게 전부였습니다. 백악관의 주인, 즉 미국의 대통령은 포르노 배우로 유명세를

---

[29] 이름부터 유명 미국 드라마 〈24시〉에서 주인공으로 나오는 최고의 정예 요원 '잭 바우어'를 패러디했다.

떨친 엽기적인 레슬링 스타였습니다. 그것도 전 국민의 전폭적 지지를 받아서 당선된 것입니다.

이게 어찌 된 영문일까요? 영화가 미래를 디스토피아로 그린 이유는 이렇습니다. 똑똑한 사람들은 자아실현을 위해, 또는 아이를 키울 만큼 사회가 아름답지 못하다고 느껴 출산을 기피합니다. 반면 그렇지 않은 사람들은 아무 생각 없이 다산을 하고 아이들 교육에도 신경을 쓰지 않습니다. 그렇게 태어난 아이들은 TV와 게임에만 노출되고, 그 아이들이 성인이 되면 또 다시 같은 일이 반복돼 시간이 흐를수록 지능이 낮아졌다는 것입니다.

영화는 열성 유전자만 후대에 계승돼 500년 후엔 지구인의 평균 지능이 80 이하로 떨어질 것이라고 말합니다. 영화 한편에선 일부 불편한 부분도 있습니다. 다소 우생학적이고 인종차별적 부분이 녹아 있기 때문입니다. 예를 들어 똑똑한 사람을 WASP(White Anglo-Saxon Protestant, 개신교를 믿는 전통적인 백인 중산층)로 묘사하거나, 그렇지 않은 이들을 히스패닉으로 설정한 부분 등이 그렇습니다.

그럼에도 불구하고 이 영화가 말하고 싶어 하는 주제 의식은 큰 의미가 있습니다. 기술의 발전이 인간의 삶을 윤택하게 하는 게 아니라 오히려 망치고 있다는 것입니다. 영화 속에서 인류는 식량 감소, 환경오염 등으로 파멸을 향해가고 있지만 그 누구도 여기에 신경을 쓰지 않습니다. 결국 지구상에서 가장 똑똑한 냉동인간 조가 미국의 국무장관을 맡아 이런 위기를 타개하려고 애씁니다. 과연

조는 위기에 처한 인류를 구할 수 있을까요?

〈이디오크러시〉는 온갖 화장실 유머 코드로 가득한 B급 영화이지만 감독이 보여주고 싶었던 풍자의 메시지는 매우 선명합니다. 정신없이 웃다 보면 어느새 영화가 끝나버리지만, TV를 끈 이후에 뭔가 깊은 생각과 고민거리를 남겨줍니다. 요즘 사회가 흘러가는 모습을 보고 있으면, 우리 앞에 펼쳐질 미래가 영화의 설정과 크게 달라 보이지 않습니다.

놀라운 과학기술의 발전은 삶을 편리하게 만들었지만 인간이 머리를 쓸 일은 갈수록 적어지고 있습니다. 단적으로 과거와 비교해 우리가 외우는 전화번호, 노래 가사는 얼마나 될까요? 운전할 때도 예전에 잘 찾아다니던 길을 요즘엔 내비게이션 없이 찾아가기는 어렵기만 합니다. 간단한 암산도 하기 귀찮아지면서 산술적 능력도 많이 떨어졌습니다.

그렇다면 과거처럼 그런 걸 일일이 다 외우고 다녀야 할까요? 물론 그건 아닙니다. 다만 중요한 사실은 과거에 비해 우리가 머리를 훨씬 적게 쓰고 있다는 것입니다. 실제로 디지털과 미디어 기술의 발전 때문에 사람의 지능이 떨어졌다는 연구 결과는 많습니다. 덴마크의 코펜하겐대 토마스 티즈데일(Thomas Teasdale) 박사팀이 군에 입대한 남성의 IQ를 조사했더니 1998년과 비교해 10여 년 사이에 1.5점이 떨어졌습니다. 네덜란드와 영국, 호주 등에서도 비슷한 결과를 얻었습니다. 연구진들은 이 같은 지능 하락의 이유를 두 가지로 꼽고 있습니다. 첫째는 고학력 여성의 출산 기피, 둘째는 스마트폰 등 디지털 기기 사용의 확대입니다.

이는 사회 발전으로 정신적 활동이 많아져 IQ가 오른다는 '플린 효과'를 정면으로 반박하는 결과입니다. 1980년대 뉴질랜드 심리학자인 제임스 플린은 1930년대부터 1980년대까지 평균 IQ가 10년마다 3점씩 오른다는 연구 결과를 발표했습니다. 그 사이 영양 상태가 개선되고 삶이 풍요로워지면서 IQ도 크게 높아졌다는 것입니다. 그는 진화적으로 인간의 지적능력이 높아졌다기보다는 삶이 윤택해지고 머리 쓸 일이 많아지면서 IQ가 올랐다고 설명합니다.

하지만 지금은 사회가 더욱 복잡해지고는 있지만, 그와 더불어 기술의 발전 속도가 너무 빨라 오히려 개개인이 머리를 쓸 일은 점점 줄고 있습니다. 앞으로 이런 경향은 더욱 심해질 것입니다. 언제든 손에 쥐어진 스마트폰으로 쉽게 검색할 수 있는 대신 조용히 앉아 깊은 생각을 할 수 있는 사색의 시간은 줄었습니다. 모든 정보를 간편하게 얻을 수 있기 때문에 과거처럼 책을 찾거나 도서관을 가는 일도 없어졌습니다.

그렇다면 여기서 머리를 쓰지 않는다는 것은 정확히 무엇을 의미하는 걸까요? 이는 우리의 사고구조가 바뀌고 있다는 의미입니다. 즉, 언어를 통한 사고활동이 줄고 있다는 뜻이죠. 사람의 뇌는 보통 3층으로 이뤄졌다고 합니다. 가장 깊은 곳에는 본능을 탐지하는 파충류의 뇌, 중간층엔 감정을 관할하는 포유류의 뇌, 제일 바깥엔 이성을 뜻하는 인간의 뇌가 있습니다. 우리의 뇌는 파충류에서 포유류로, 또 다시 사람으로 발전해온 것이 아니라 위 3가지를 모두 가지고 있습니다. 상황에 따라 어느 뇌를 쓰느냐가 달라질 뿐입니다.

그런데 여기서 중요한 것은 세 번째 뇌, 즉 인간의 뇌가 기능하는 방식입니다. 인간의 뇌에서 가장 중요한 건 전두엽이라 불리는 기관입니다. 전두엽의 가장 큰 역할은 언어를 관장하는 것입니다. 보통 전두엽이 모두 완성되는 시기로 남자는 30세 전후, 여자는 25세 전후라고 합니다. 특히 청소년기까지 전두엽에 필요 이상의 자극이 가거나, 덜 발전하게 되면 성년 이후 뇌의 발달에 부정적 영향을 미치게 됩니다.

그렇다면 언어가 왜 중요할까요? 마르틴 하이데거(Martin Heidegger)의 말처럼 "언어는 존재의 집"이기 때문입니다. 이는 인간의 사고는 언어로 구조화돼 있다는 것을 의미합니다. 이를 풀어서 말하면 인간이 세상을 인식하고 개념화하기 위해선 언어 없이 불가능하다는 이야깁니다. 다시 말해 인간의 사고는 언어를 전제하지 않고선 이뤄질 수 없습니다.

좀 더 쉽게 설명하면, 우리가 머릿속으로 생각하는 방식은 보통 두 가지입니다. 첫째는 오감을 통한 생각입니다. 듣고 보고 느끼는 것입니다. 그중에서 가장 큰 것은 시각적 이미지입니다. 예를 들어 "퇴근하고 무슨 음식을 먹을까?"와 같은 단편적 생각은 머릿속에 이미지와 동영상으로 그려집니다. 때에 따라 보글보글 끓는 김치찌개의 소리가 들리기도 하고 매콤한 냄새가 상상되기도 합니다. 어쨌든 이런 생각의 가장 핵심은 시각적인 감각 중심으로 이뤄지고 있다는 것입니다.

두 번째 방식은 언어를 통한 사고입니다. "다음 주 기획안은 뭘 써야 하지?"같은 복잡한 사고는 언어를 통해 이루어집니다. 여기선 이미지의 역할이 크게 줄어듭니다. 먼저 언어가 있어야 개념을 정의할 수 있고, 개념이 밑바탕 돼야 논리와 추론이 가능합니다. 즉, 인간만이 할 수 있는 고차원적인 사고의 본질적 특징은 언어라는 것입니다. 현대철학자들이 인간 의식의 본질을 탐구하면서 언어 분석에 집중했던 이유도 이 때문입니다.

이처럼 인간의 생각을 표상하는 건 언어이기 때문에 언어가 달라지면 생각도 달라집니다. 예를 들어 영어권에 있는 사람과 한국어 문화권에 있는 사람은 기본적으로 생각의 틀이 다릅니다. 대표적인 것이 존댓말입니다. 존댓말과 존칭이 발달해 있는 한국어는 말 자체로 위계서열이 나뉩니다. 초등학생도 한 학년만 높으면 상급생이 하급생에게 말을 놓습니다. 그러면서 권력구조가 자연스럽게 형성됩니다.

그러나 영어를 쓰는 미국에선 그렇지 않습니다. 10살짜리 아이와 70세 어르신도 서로 이름을 부르며 수평적으로 이야기합니다. 물론 어른에 대한 예우는 있겠지만 우리처럼 말을 통해 위계서열이 생기고, 관계가 수직적으로 결정되지는 않습니다. 그래서 최근에는 일부 기업에서 임직원 모두 존댓말을 사용하고 직급 대신 별명을 부르기도 합니다. 카카오 부사장 출신인 정혜승 청와대 뉴미디어비서관의 조직에서도 수평적 의사소통을 위해서 닉네임을 쓴다고 합니다.

존댓말뿐 아니라 말의 어순도 생각에 영향을 미칩니다. 예를 들어 우리말의 어순은 '나는 너를 사랑해(주어, 목적어, 동사)' 입니다. 주어 다음에 바로 목적어가 옵니다. 나의 감정뿐 아니라 너와의 '관계' 도 중요하다는 의미입니다. 반면 영어는 'I love you(주어, 동사, 목적어)' 순서입니다. 너를 이야기하기에 앞서 나의 감정과 의견을 먼저 생각하는 것입니다. 영어권 사람들이 자신의 생각을 솔직하게 표현하고 감정을 나타내는 데 익숙한 이유도 이런 영향이 큽니다.

이처럼 언어는 생각을 지배하는 도구이며, 강조해서 말하면 사고 그 자체입니다. 그런데 과학기술이 발전하면서 인간의 언어 사용은 갈수록 줄거나 일차원적으로 변해가고 있습니다. 무슨 뜻이냐고요? 과거엔 인간의 소통 수단은 말과 글이 유일했습니다. 특히 글은 2000년 넘는 시간 동안 인류의 독보적인 지식 전승 수단이었죠. 이를 대체할 것은 극히 드물었습니다. 특히 인간의 사고를 발전시키는 데는 말보다 글이 더욱 효과적이었습니다.

미학자인 진중권 씨가 쓴 《테크노 인문학의 구상》이란 책에는 이런 설명을 뒷받침하는 흥미로운 사례가 나옵니다. 러시아의 학자인 알렉산드르 루리야(Alexander Luria)는 1917년 볼셰비키 혁명 직후 러시아의 농촌 마을을 관찰했습니다. 그곳에는 문맹인 사람들이 꽤 많았는데 루리야는 여기서 놀라운 사실을 한 가지 발견합니다. 글을 쓸 줄 아는 사람과 그렇지 못한 사람들의 사고방식이 아주 다르다는 거였습니다.

예를 들어 우리들에게 망치와, 도끼, 톱 같은 걸 보여주면 바로 '연장'이라고 외칩니다. 공통된 것들을 범주화할 수 있는 추상 능력을 갖고 있기 때문입니다. 그런데 루리야가 관찰한 농촌 마을 사람들은 추상할 줄 몰랐다고 합니다. 예를 들어 "톱은 나무를 썰고, 도끼는 통나무를 가르죠. 굳이 내게 어느 쪽을 버리라고 한다면 도끼가 될까요?"처럼 딴 이야기를 한다는 거였습니다.

일상에서 쓰는 삼단논법도 이곳 사람들에겐 매우 어려운 일이었습니다. "북극의 곰은 모두 하얗습니다. 노바야제믈랴 지방은 북극에 속합니다. 그렇다면 노바야제믈랴에 사는 곰은 무슨 색일까요?" 하고 물으면 우리는 바로 "흰색"이라고 답합니다. 그런데 문맹인 사람들은 "글쎄요, 저는 하얀 곰을 한 번도 본적이 없네요"라는 식으로 말한다는 것입니다. 추론과 논리는 인간에게 거저 주어진 능력이 아니라 언어, 특히 글을 통해 계발된다는 뜻입니다.

이처럼 언어는 우리의 사고를 규정하고 구조화합니다. 특히 글은 '이성'이라고 불리는 인간의 능력을 키우는 중요한 역할을 하죠. 하지만 요즘 시대에선 이런 언어가, 특히 글과 활자매체가 소외받고 있습니다. TV의 등장과 함께 서서히 자리를 내주기 시작하더니 스마트폰 등 디지털기기의 발달로 이제는 지난 2000여 년간 누려왔던 지식 소통 수단의 왕좌 자리를 완전히 내준 상태입니다.

상황이 이렇다 보니 일상에서 책 읽는 모습도 보기 어려워졌습니다. 한국 남자 대학생이 하루 동안 책을 읽는 시간은 42분으로 인터넷을 이용하는 시간인 127분의 3분의 1밖에 안된다고 합니다. 한국인 10명 중 셋(33.2%)은 1년에 책을 한 권도 읽지 않습니다. 스마트폰이 나오기 전만 해도 지하철 안에서 독서하는 사람을 종종 볼 수 있었지만 이젠 그런 모습도 찾기 힘들어졌습니다.

현대 사회에선 책과 글자 대신 이미지와 동영상이 우선입니다. 나이가 어릴수록 글보다 시청각 이미지를 선호합니다. 요즘 아이들은 무언가를 찾아볼 때 네이버와 같은 포털사이트에서 단어로 검색하기보다 유튜브로 동영상을 찾는 데 익숙합니다. 문자와 SNS에 길들여져 단문 중심으로 소통하고 장문의 글이나 책은 읽기 어려워합니다. 요즘엔 대학생들조차 신문기사 정도의 글을 읽는 것도 어렵게 느끼는 경우가 많다고 합니다.

이 같은 상황이 계속된다면, 결국 미래의 인간은 깊이 있는 생각에서 점점 멀어지고 추론과 논리 능력도 퇴보할 가능성이 큽니다. 물론 영화 〈이디오크러시〉에서처럼 평균 IQ가 80 이하로 떨어지는 극단적인 미래가 오진 않겠지요. 하지만 인간의 지적 능력이 점점 후퇴할 것이라는 우려만큼은 씻기 어렵습니다.

우리 사회, 특히 디지털 공간에서 벌어지는 현대인들의 소통 방식을 보면 더욱 걱정이 큽니다. 온라인에서 가장 많이 이루어지는 텍스트 활동은 SNS나 게시판에 글쓰기 또는 댓글달기 등입니다.

하지만 이런 글을 살펴보면 비이성적인 경우를 종종 볼 수 있습니다. 온갖 욕설과 험한 말들로 도배되는 경우가 많습니다. 그들에게 사이버상의 글은 오직 배설의 도구로만 쓰이는 것 같은 느낌도

듭니다. 물론 그렇지 않은 대다수의 분들이 있기는 합니다. 하지만 문제는 이렇게 텍스트로 배설을 하고 끝나는 것이 아니라는 점입니다. 이 같은 자극적이고 단편적인 언어 사용 습관이 그 사람의 사고 구조마저 그렇게 만든다는 것입니다.

우리가 여기서 명심해야 할 진실 한 가지는 평소 쓰는 언어가 저속하면 그 사람의 생각 수준도 낮은 것이고, 바르고 교양 있는 말을 쓰면 그 사람의 내면 또한 건강해질 수 있다는 것입니다. 언어가 곧 생각을 결정하고, 생각에 따라 행동과 습관이 나오기 때문입니다.

앞서 수차례 이야기했지만, 과학기술과 물질문명의 발달만큼 정신문화의 성숙이 이뤄지지 않는다면 우리의 미래는 매우 어두울 것입니다. 과학기술의 발달로 우리가 쓰는 소통의 도구가 이미지와 동영상이 주가 되는 건 막을 수 없겠지만, 2000년간 인간의 지성사를 대표해왔던 언어, 특히 문자의 역할이 사라지는 건 깊이 생각해봐야 할 문제입니다. 언어가 끝나는 순간 우리의 생각도 바로 거기서 멈춰버리기 때문입니다. "내가 아는 세상의 한계는 곧 내가 갖고 있는 언어의 한계"라는 루드비히 비트겐슈타인(Ludwig Wittgenstein)의 말처럼 말이죠.

말과 글을 동시에 잘하려면

흔히 갖고 있는 편견 중 하나는 말은 잘 하는데 글은 못 쓴다거나, 반대로 글에는 소질이 있는데 말주변은 없다는 이야기입니다. 의외로 이런 경우를 주변에서 많이 보게 되죠. 그런데 이런 논리는 정말 사실일까요?

앞에서 사고는 곧 언어라고 말했습니다. 그런데 머릿속에서 사고를 가능하게 하는 언어는 글도 말도 아닙니다. 그저 언어일 뿐입니다. 다만 이것이 밖으로 표현되는 과정에서 말이 되기도 글이 되기도 합니다. 결국 언어를 잘한다는 건 말과 글을 모두 잘한다는 것이지, 어느 하나만 월등히 잘할 수 있는 건 아닙니다. 그렇다면 우리는 왜 앞서 살펴본 것과 같은 편견을 갖게 된 걸까요?

이는 언어와 수학의 관계를 설명한 것과 같은 이치입니다. 말과 글은 언어라는 본질적 속성이 똑같기 때문에 어느 하나를 잘하면 다른 하나를 잘할 가능성이 큽니다. 다만 우리가 보통 그렇지 않다고 느끼는 것은 훈련과 연습이 부족하기 때문입니다. 즉 말을 잘하면 글을 잘 쓸 수 있고, 글을 잘 쓰면 말도 잘할 수 있습니다.

그런데 우린 여기서 한 가지 짚고 넘어갈 것이 있습니다. '잘한다'는 게 무엇인지 개념 정의를 명확하게 해야 합니다. 먼저 말을 잘하는 것은 크게 두 가지로 나눠볼 수 있습니다. '달변'은 어느 상황에서나 주저하지 않고 말하는 능력입니다. 임기응변에 능하고 유머러스한 이야기로 분위기를 화기애애하게 만들 수 있는 역량입니다.

반면 '언변'은 논리적으로 핵심을 짚어가며 말을 잘한다는 뜻입니다. 앞서 설명한 달변과는 차이가 있습니다. 언변은 좋지만 달변이 아닌 경우도 있고, 달변이지만 언변이 나쁜 경우도 있습니다. 지금 논하고 있는 '말을 잘한다'는 것은 달변이 아닌 언변을 뜻합니다. 이는 사고력과 직접적으로 연계된 논리적이고 설득력 있는 말하기입니다.

이런 의미에서의 말하기, 즉 언변은 글쓰기 능력과 본질이 같습니다. 글과 말로 자신의 생각을 잘 표현하려면 그 전에 먼저 이성적이고 합리적으로 생각할 수 있어야 합니다. 머릿속에서 일어나는 언어를 통한 사고훈련이 제대로 되어 있지 않으면 글이든 말이든 논리적이고 설득력 있게 표현할 수 없습니다. 처음부터 글쓰기 따로, 말하기 따로 배우지만 않는다면 이 두 가지를 한꺼번에 잘하는 게 당연한 이치라는 것입니다.

굳이 둘을 구분한다면 글쓰기보다 말하기가 더욱 어렵습니다. 소크라테스는 "말은 적자요, 글은 서자다"라고 밝혔습니다. 글은 남이 쓴 것을 베껴 와 자신이 지은 것처럼 속일 수 있지만, 말은 정확하게 그 뜻과 의미를 알고 있지 않으면 제대로 이야기할 수 없기 때문입니다. 즉, '내면화'가 제대로 되어 있지 않으면 정확하게 언변을 구사할 수 없는 것입니다. 특히 요즘처럼 인터넷에 거의 모든 정보가 존재하는 세상에서는 '복사해서 붙이기'가 매우 용이합니다. 남의 글을 자신이 쓴 것처럼 속이기가 더욱 쉽습니다.

반대로 제대로 말을 잘 못하고 횡설수설하는 경우는 본인이 그 내용을 잘 숙지하고 있지 못할 확률이 큽니다. 그렇기 때문에 소크라테스는 말하기가 글쓰기보다 더욱 어려운 것이라고 했습니다. 그 때문인지 소크라테스는 단 한 권의 책도 남기지 않았습니다. 하지만 가장 좋은 것은 말하기와 글쓰기를 함께 훈련해서 동시에 잘할 수 있는 역량을 키우는 것입니다.

독일과 프랑스 등 유럽 학교의 교육 방식에서 배울 점은 어려서부터 두 가지 모두를 비중 있게 가르친다는 것입니다. 시험에선 필기시험뿐 아니라 꼭 구술시험이 포함되어 있습니다. 정해진 보기에서 답을 고르는 능력만이 아니라 자기의 생각을 정확하고 논리적으로 표현하도록 하면서 사고력까지 신장시키려는 목적이 있는 것입니다.

유대인의 '하브루타' 교육 방식도 마찬가지입니다. 유대인들은 어릴 적부터 짝을 지어 끊임없이 토론하고 대화하며 학습하도록 합니다. 그 때문에 이스라엘의 대학 도서관은 마치 시장통에 온 것처럼 시끌벅적하기로 유명합니다. 조용히 앉아 자신의 책만 들여다보는 게 아니라 옆 친구와 계속해서 토론하고 의견을 나누기 때문입니다.

하지만 한국의 교육은 두 가지를 분명히 구분해놓았습니다. 우리가 학교에서 배운 건 오직 글쓰기뿐입니다. 아니 더욱 정확하게 말하면, 제대로 된 글쓰기 교육도 받아본 적 없습니다. 말하기는 더했습니다. 수업시간에 질문이라도 한 번 하려면 많은 용기를 내야 했습니다. 학교나 가정에서 제대로 말하는 법을 배워본 적이 없기 때문에 성인이 되어서도 남들 앞에서 무언가를 말해야 하는 상황이 오면 얼굴이 화끈거리고 가슴이 콩닥콩닥 뛰기 시작합니다.

그래서 이번엔 말하기와 글쓰기의 가장 기초적인 원리를 살펴보고자 합니다. 이에 대한 자세한 내용은 별도의 책으로 다룰 예정이나 여기서는 그 핵심만 짚고 넘어가 보도록 하겠습니다. 먼저 말과 글을 따로 구분하지 않고 언어를 잘 사용하는 법부터 살펴보겠습니다.

그리스 수사학을 집대성한 이는 바로 아리스토텔레스였습니다. 그는 《수사학》에서 커뮤니케이션의 궁극적 목적을 설득이라고 말했습니다. 설득은 내가 갖고 있는 생각을 타인에게 효과적으로 전달해 자신이 원하는 방향으로 이끌어가는 것입니다. 무언가를 설명하는 것도 일종의 설득입니다. 설명을 통해 자신이 느낀 감정과 기분을 공감하고 싶은 것입니다. 자신의 느낌을 표현하는 것도 결국은 감정을 공유하고 싶다는 목적이 있는 것이고요.

그렇다면 설득을 잘하기 위해서 즉, 말과 글을 효과적으로 사용하기 위해선 무엇이 필요할까요? 먼저 세 가지 요소를 알아볼 필요가 있습니다. 바로 에토스(품성)·로고스(이성)·파토스(감성)이죠. 에토스에 대해 아리스토텔레스는 "상대의 신뢰를 얻기 위해선 지성과 인격, 선의라는 세 가지 덕목이 필요하다"라고 했습니다. 인격이 높고 인성이 뛰어난 사람의 말이면 더욱 설득력이 높다는 것입니다. 즉, 내 말이 설득력을 가지려면 자신의 인격과 행동, 사회적 위치 등이 그에 걸맞은 사람이 되어야 한다는 것입니다.

고대 그리스의 소피스트인 이소크라테스는 "말은 한 사람의 생각이며 그가 살면서 이뤄온 다른 모든 것들의 그림"이라고 정의합니다. 그렇기 때문의 말을 가르치는 교육은 "말만의 교육에 그치지 않고 말이라는 그림과 모상으로 표현되는 생각과 판단, 행동과 삶에 대한 포괄적 교육으로 확장된다"고 설명합니다.

동양에서도 '수사'와 관련해 '수사입기성(修辭立基誠)'이라는 《주역》의 표현을 살펴볼 수 있습니다. 이는 말을 배우는 것이 덕과 인격을 기르는 것과 크게 다르지 않다는 것을 의미합니다.[30] 바른 언어를 쓰기 위해선 먼저 똑바로 생각하고 행동해야 합니다. 그 어떤 화려한 말기술도 이야기하는 사람의 행동이 올곧지 못하면 설득될 수 없기 때문입니다. 에토스가 갖춰졌을 때 로고스와 파토스도 제대로 기능할 수 있습니다.

그 다음으로 로고스는 이성과 논리의 능력을, 파토스는 감성과 감정의 영역을 의미합니다. 먼저 로고스는 논리적인 말과 설명으로 이치적이고 합리적인 것을 뜻합니다. 그리고 이것은 연역과 귀납 등 논리의 바탕이 됩니다. 이런 로고스의 첫 단계는 주관적 판단과 논리적 주장을 구분하는 일입니다.

예를 들어 팔뚝에 큰 타투를 한 사람에 대해 두 사람이 이야기를 나눈다고 생각해봅시다. 한 사람은 팔 전체에 그려진 용의 그림을 보며 "저렇게 징그러운 문신을 하고 다니다니 나이를 거꾸로 먹은 것 아니야"라고 말했습니다. 다른 사람은 "타투를 하는 건 개인 취향이지만 아이들을 가르치는 선생님으로선 부적절한 것 같아. 아직 사리분별이 정확하지 않은 아이들에게 선입견을 심어줄 수도 있잖아"라고 덧붙입니다.

두 사람 중 어떤 사람이 말을 더 잘 했다고 생각되나요? 얼핏 보면 둘 다 부정적 이야기를 한 것 같지만, 둘 중 한 명이 말하는 방식은 우리가 지양해야 합니다. 그럼 두 사람의 발언이 어떻게 차이가 있는지부터 살펴보죠.

첫 번째 사람의 말하기엔 사실과 판단이 뒤섞여 있습니다. 즉, 팔 전체에 용 문신이 있다는 사실에 더해 '징그럽다', '나이를 거꾸로 먹었다'는 개인의 주관적 판단이 포함되어 있습니다. 그러나 모든 사람은 자신의 신체를 개성대로 가꿀 권리가 있습니다. 다만

---

30)중국 당나라에서 관리를 뽑을 때 인물 평가 기준으로 삼았다는 '신언서판(身言書判)'도 이와 같은 맥락이다.

그 취향이 타인에게 피해를 주지 않는다는 전제에서 말입니다. 그러므로 타인의 자유를 비난할 권리는 그 누구도 갖고 있지 않습니다. 앞 사람은 다른 사람의 문신에 대해 주관적 판단을 내렸고 심지어 부정적 평가를 했습니다. 이런 식의 말하기와 글쓰기는 상호간의 갈등을 일으킵니다. 토론보다 말싸움을 부르기 십상입니다.

반면 두 번째 사람의 말하기는 부정적이란 점에서 첫 번째 사람과 동일하지만 크게 다른 점이 한 가지 있습니다. 바로 '아이들을 가르치는 교사', '선입견을 심어줄 수 있다'는 논거가 들어 있는 것입니다. 즉, 자신의 주장을 뒷받침할 수 있는 합리적인 근거가 있다는 것입니다. 같은 부정적 표현이라도 두 번째 사람의 말하기엔 적당한 반박을 하기 어렵습니다. 주장을 뒷받침하는 명백한 논리가 있기 때문입니다. 그러나 첫 번째 사람의 말엔 당장 "네가 뭔데 남일에 감 놔라 배 놔라 하느냐" 하고 따질 수 있습니다.

이처럼 로고스적 말하기와 글쓰기에선 주관적 판단과 논리적 주장을 명확히 구분해야 합니다. 이 둘을 가르는 가장 선명한 기준은 논거가 있느냐 없느냐입니다. 주장도 넓게 보면 주관적 판단의 한 부분이지만, 적절한 논거를 갖출 경우 합리성을 띨 수 있습니다. 판단과 주장을 구분하고, 여기에 논거를 댈 수 있는 말하기와 글쓰기를 해야만 생산적이고 효과적인 커뮤니케이션을 할 수 있습니다.

다음은 파토스입니다. 파토스는 감정적인 단어, 이미지, 몸짓 등을 말하며 청중의 기쁨, 슬픔, 분노, 절망 등 감정을 자극하는 것을 뜻합니다. 파토스가 잘 드러난 대표적인 연설 중 하나는 2004년 미국 민주당 전당대회에서 오바마가 했던 연설입니다. 그는 흑인으로서 자신이 살아온 삶에 미국에서 소수인종으로 살아온 선조들의 역사를 투영해 감동 깊은 스피치를 펼쳤죠. 이때의 훌륭한 스피치가 그를 대통령으로 만드는 데 결정적인 역할을 했다고 표현해도 과언이 아닙니다.

하지만 파토스는 감동만 뜻하는 건 아닙니다. 1930년대 전후 히틀러의 연설은 독일 국민에게 자긍심과 분노를 동시에 일으켰습니다. 전쟁의 배상 책임 문제로 신음하던 독일 국민들을 분노하게 만들고 이를 자신의 지지로 이끌어내는 데 사용했습니다. 분노의 파토스 역시 엄청난 설득력과 파괴력을 갖습니다. 2016년 국정농단 사태에서 거리의 촛불을 타오르게 했던 연설가들의 스피치도 대부분 분노의 파토스였습니다.

이처럼 에토스와 로고스, 파토스를 적절히 안배하고 이를 효율적으로 사용하는 것이 가장 좋은 말하기와 글쓰기입니다. 이 세 가지를 통해 우리는 말하기와 글쓰기의 궁극적 목표인 설득을 향하게 됩니다. 단순히 의견을 나누고 정보를 교환하는 것도 종국의 목표는 내 편으로 상대방을 끌어들이고 나의 생각을 공유하게 하는 것입니다. 그렇다면 이 세 가지를 어떻게 잘 녹여내야 할까요? 이번에는 로마의 정치가이자 수사학자인 키케로의 수사학을 소개하고자 합니다.

키케로는 로고스와 파토스의 적절한 사용법을 이야기했습니다. 에토스는 끊임없는 자기수양과 성찰적 노력을 통해 이뤄지는 것이기 때문에 몸에 체득하기까지 오랜 시간이 걸립니다. 그래서 반복 훈련을 통해 더욱 쉽게 익힐 수 있는, 로고스와 파토스를 사용한 말하기 방법을 생각했습니다. 오늘날로 치면 '기승전결'에 따른 말하기라고 보면 될 것 같습니다.

먼저 말의 시작은 어떻게 해야 할까요? 키케로는 처음엔 무조건 흥미를 끌 수 있는 주제를 던져야 한다고 했습니다. 그래야 사람들이 집중할 수 있기 때문입니다. 두 번째는 있는 그대로의 사실, 문제가 되는 상황, 앞으로 점쳐지는 전망 등을 객관적으로 기술하는 것입니다. 특히 이 단계에선 논하고자 하는 주제, 갈등의 원인, 결정해야 할 의제 등이 명확하게 설명되어야 합니다.

세 번째는 논증입니다. 자신의 주장을 제시하고 그에 대한 논거를 뒷받침하는 것입니다. 논증은 다시 입증과 반박 두 가지 형태를 띱니다. 입증은 자신의 주장이 타당함을 증명하는 것이고, 반박은 타인의 생각이 잘못됐음을 알리는 것입니다.

네 번째는 마무리 단계입니다. 마무리는 강조와 요약이라는 두 가지 속성을 모두 갖춰야 합니다. 요약을 통해 자신이 한 말을 청중들이 쉽게 알 수 있도록 논지를 명확히 하는 것입니다. 또 강조를 통해선 강력한 임팩트로 자신의 이야기가 구체적인 행동이나 심정의 변화로 이어질 수 있도록 영향을 미치는 것입니다.

네 단계 중에서 말하기의 시작과 끝은 다분히 파토스적입니다. 사람의 감정을 파고들어 이야기에 흥미를 갖게 해야 하죠. 끝부분에선 그 감정을 뒤흔들고 움직이면서 청중으로 하여금 행동으로 나서게 해야 합니다. 그러나 파토스만 있고 로고스가 없다면 감정의 폭풍이 지나가고 난 뒤 공허한 침묵만이 남습니다. 알맹이가 없다는 이야기입니다. 이때 필요한 게 두 번째와 세 번째 단계에서의 로고스입니다. 이때는 앞서 살펴본 것처럼 자신의 주장에 대한 논증을 논리적으로 펼쳐야 합니다.

이처럼 로고스와 파토스는 동전의 양면과도 같습니다. 만약 사람이 감성적이지 않고 이성적이기만 한 존재라면 첫 번째와 네 번째 단계는 필요 없을 것입니다. 사실의 기술과 주장에 대한 논증만으로도 군더더기 없는 소통이 가능하겠죠. 하지만 사람은 감정을 가진 동물입니다. 따라서 뭔가 감정적으로 접근할 수 있는 미끼가 있어야만 담론에 참여할 수 있습니다.

지금까지 살펴본 내용은 말과 글을 따로 구분하지 않고 양측 모두에 공통되는 것이었습니다. 말이든 글이든 언어라는 본질적 관점에서 효과적이고 설득력 높은 커뮤니케이션법은 똑같기 때문입니다. 그럼에도 불구하고 많은 분들이 말하기와 글쓰기를 따로 떼어놓고 생각합니다. 위 설명만으론 말하기와 글쓰기 어느 한쪽으로 치중돼 있는 자신의 언어 능력을 균형 있게 높이기가 쉽지 않습니다. 이 부분에 대해서도 핵심만 짚고 넘어가보도록 하겠습니다.

말과 글을 잘하는 방법의 핵심은 '말하듯 글 쓰고, 글 쓰듯 말하라'는 것입니다. 쉽게 범하는 실수 중 하나는 말을 계속 하다 보면 배가 산으로 간다는 것입니다. 결국엔 내가 하고자 했던 이야기는 제대로 하지 못한 채 상관없는 이야기만 장황하게 늘어놓고 수습도 못하게 되기 십상입니다.

반대로 글을 쓰면서 겪는 어려움 중 하나는 너무 어렵게 읽힌다는 것입니다. 때론 자기가 써놓고 무슨 뜻인지 정확히 모르는 경우도 생깁니다. 관념어가 많거나 문장의 주술이 안 맞는 등 너무 어렵게 써놓아 독자 입장에서 읽기가 힘들어지는 것입니다.

이렇게 되는 이유는 두 가지입니다. 첫째는 내가 하는 이야기를 나 자신도 정확히 이해 못하고 있는 상황입니다. 자신도 이해하지 못한 개념과 상황에 대해 쓰다 보니 다른 사람의 단어와 문장 등 표현을 그대로 옮기는 것입니다. 둘째는 문어체와 구어체의 장벽에 갇혀 있는 경우입니다. 문어체는 구어체와 달리 딱딱하고 관념적이며 쉽게 와닿지 않습니다.

이를 개선하기 위한 방법은 자신이 쓴 글을 소리 내어 읽어보는 것입니다. 소리를 내서 읽다 보면 분명히 어색하게 걸리는 부분들이 있습니다. 눈으로만 볼 때는 잘 모르지만, 입으로 말하면서 읽다 보면 어법에 맞지 않는 표현, 어색한 말투 등이 드러납니다. 그렇게 해서 자기가 쓴 글을 계속 '말맛'에 맞게 다듬어가는 것입니다.

이 훈련이 익숙해지면 그 다음 단계는 애초에 글을 쓸 때부터 말하면서 쓰는 것입니다. 도서관처럼 조용한 공간에선 실천하기 어렵겠지만 그런 곳이 아니라면 나지막한 소리로 말하며 글을 쓸 수 있습니다. 이렇게 하면 구어체로 작성하기가 훨씬 수월해집니다. 구어체로 쓰면 말이 더욱 자연스럽고 단문 중심이 되기 때문에 글의 호흡이 짧아지고 리듬감이 살아납니다.

반대로 말을 할 때는 글 쓰듯 해야 합니다. 방금 이야기한 것처럼 말하며 글 쓰는 훈련은 말하기 능력을 높이는 데도 큰 도움을 줍니다. 기본적으로 글쓰기는 말하기보다 생각을 많이 하게 됩니다. 생각을 많이 한다는 건 논리성이 높아진다는 이야기입니다.

흔히 글을 쓸 때 우리는 글감을 정하고 개요를 짜며, 서론, 본론, 결론에 맞춰 구성을 합니다. 몇 번의 퇴고를 거쳐 한 편의 글이 완성됩니다. 그러나 우리는 말을 할 때 그 정도의 노력을 기울이지 않습니다. 속으로 한두 번 생각해보거나 즉흥적으로 이야기하는 경우가 많죠. 하지만 글을 쓸 때처럼 글감 구하기, 구성하기, 퇴고 등을 거쳐 말을 한다면 더욱 짜임새 있고 감동적인 말을 하게 되지 않을까요?

물론 처음엔 이렇게 말하는 게 귀찮을 수도 있고 어렵게 느껴질 수도 있습니다. 생각보다 시간이 오래 걸릴 수도 있고요. 그러나 반복 훈련을 하다 보면 어느새 몸에 배어 굳이 의식하지 않아도 이런 과정을 거쳐 말하는 자신을 발견하게 될 것입니다. 시간이 짧아지는 것은 물론이고요.

이처럼 말하기와 글쓰기에 대한 간단한 원리만 익히고 있어도 언어 능력을 높이는 데 큰 도움이 됩니다. 여기에 한 가지 덧붙여 기억해야 할 것은 '뚜렷한 주제의식'입니다. 앞서 생각 없이 말하다 보면 주제가 다른 쪽으로 빠진다고 했는데, 이걸 막기 위해선 끊임없이 자신이 말하고 쓰고자 하는 것에 대한 주제의식을 환기시켜야 합니다. 무언가를 향해 걸어갈 때 움직이지 않는 고정된 목표

점을 정해놓고 걷는 것과 같은 이치입니다.

이를 위해선 말과 글의 처음부터 끝까지 '요약'을 염두에 두고 있어야 합니다. 내가 말하려는, 또 글을 쓰는 요지가 무엇인지 계속 되뇌어야 합니다. 요약하고 단축하며 글을 쓰고 말을 해야 합니다. 그렇게 하면 자연스럽게 문장은 짧아지고, 그 짧은 문장엔 운율이 생깁니다.

제 아무리 긴 글도 한 장으로 압축되기 마련입니다. 한 장은 다시 한 문장으로, 한 문장은 다시 한 단어로 줄일 수 있죠. 방대한 양을 자랑하는 구약과 신약의 성경책도 한 단어로 압축하면 '사랑'입니다. 수많은 불교 경전도 핵심 단어를 꼽자면 '자비'가 되고요. 이처럼 자기가 하고 있는 말과 글을 한 문장, 한 단어로 압축하는 습관을 들인다면 자연스럽게 짜임새 있고 설득력 있는 말하기와 글쓰기를 하게 될 것입니다.

•

행복도 능력이다

"조현병 환자들이 입원하는 정신과 폐쇄병동이 자해 청소년 들로 가득해요." 신의진 세브란스병원 소아정신과 교수의 이 야기입니다. 신 교수는 "2019~2021년 연세대 상담센터장을 하면서도 정신적으로 힘들어하는 학생들을 많이 봤다"며 "청년 들의 정신건강이 매우 위태롭다"고 했습니다. 실제로 건강보험심사평가원에 따르면 20대 우울증 환자는 2022년 17만 7,166명으로 2017년(7만 8,016명)보다 127.1% 급증했습니다. 불안장애 환자(20대)도 같은 기간 5만 9,080명에서 11만 351명으로 86.8% 늘었습니다.

우울증·불안장애 환자가 많아지면 자살률도 높아집니다. 2017~2021년 10대 자살률은 4.7명(10만 명당)에서 7.1명, 20대는 16.4명에서 23.5명으로 급증했습니다. 특히 20대는 전체 사망 원인의 56.8%가 자살일 만큼 문제가 심각합니다. '청춘의 그림자'는 비단 정신질환이나 극단 선택을 시도하는 일부에게만 해당하는 이야기가 아닙니다. 특히 젊은 층을 중심으로 행복감을 느끼지 못한다는 이들이 많습니다.

한국의 1인당 GDP는 1953년 67달러에서 3만 4,870달러로 520배 늘었지만 국민 행복도는 그만큼 높아지지 않았습니다. 한국의 '세계행복지수'(UN)는 처음 조사가 시작된 2012년 56위에서 2022년 59위로 오히려 떨어졌습니다. 상대적 비교를 통해 끊임없이 타인과 경쟁하며 열등감을 느끼는 정도가 크기 때문이죠. 반면 행복지수가 높은 나라들은 대부분 사회적 비교에서 오는 '상대적 박탈감'이 적습니다.

행복경제학의 창시자 리처드 이스털린(Richard A. Easterlin)은 "갖고 싶은 것과 실제 갖고 있는 것의 차이가 행복"이라고 했습니다. 행복의 3가지 핵심 요소는 ①물질적 부와 ②건강, ③가족을 포함한 사회관계죠. 여기서 건강·사회관계는 행복도와 정비례하지만 부는 일정 수준에 이르면 행복을 높여주지 않습니다. 바로 '이스털린의 역설'입니다. 역설의 이유는 "가진

게 많을수록 갖고 싶은 것도 많아지기 때문"입니다. 물욕은 끝이 없어 준거 기준이 계속 높아지지만, 물질의 소유를 통해 얻는 한계효용은 계속 낮아지는 거죠.

오히려 타인의 상황에 자신을 대입하는 사회적 비교가 더해지면 불행을 느끼기 쉽습니다. 최근 번지고 있는 '카페인 우울증'이 대표적입니다. "카카오스토리·페이스북·인스타그램 등에서 타인의 행복을 보고 상대적 박탈감을 느끼는 경우"[31]가 많습니다. 전보다 치열한 청소년기의 경쟁 환경도 10~20대의 비교 스트레스를 높이고 있습니다. 특히 학교생활과 내신 성적을 중시하는 수시제도의 영향이 크죠. 중·고교의 내신 경쟁이 너무 살벌해 친구를 경쟁자로 인식하는 경우가 많고 대학에서도 취업 경쟁을 해야 하니 개선될 기회가 적습니다.

우리가 아무리 뛰어난 능력을 갖춘다고 한들 본인이 행복하지 않으면 쓸모가 없습니다. 행복을 느끼지 못한다면 돈과 권력, 명예도 모두 뜬구름 같은 것이죠. 결국 미래 사회에 필요한 첫 번째 역량을 꼽으라고 한다면 저는 행복 능력을 택하겠습니다. 그렇다면 우리는 과연 어떻게 해야 행복해질 수 있을까요? 그 해답을 '행복의 철학자' 아리스토텔레스를 통해 살펴보겠습니다.

아리스토텔레스는 《니코마스 윤리학》에서 '어떻게 사는 게 좋은 삶이냐'는 질문에 주저 없이 '행복하게 사는 것'이라고 대답합니다. "인간의 행동과 기술과 학문이 모두 좋은 것을 추구하는데, 좋은 것들이 다 모인 곳의 최정상엔 행복이 있다"는 것이죠. 스승 플라톤과 달리 아리스토텔레스는 현실 세계의 인간을 이해하기 위해 노력한 철학자였기 때문입니다. 플라톤은 인간이 존재하는 삶 너머의 이데아를 바라봤다면 아리스토텔레스는 때론 부족하고 나약하지만 덕을 쌓아 현실의 삶을 바꿔가는 인간들에게 빛이 되려 했습니다. 라파엘로가 그린 아테나 학당을 보면 그림 한가운데에 하늘을 가리키는 플라톤과 달리 그 옆의 아리스토텔레스는 손바닥을 아래로 향하고 있는 것도 그 때문입니다.

그렇습니다. 아리스토텔레스의 말처럼 인간의 모든 의지적 행동의 궁극적 목표는 행복입니다. 먼저 행복은 자신의 덕(arete)을 잘 실현하는 것입니다. 자기의 본질을 깨닫고 자신에게 주어진 역할, 그리고 본인이 진정 원하는 것을 찾아내 이루는 것입니다. 그 유명한 도토리와 참나무의 비유와 같은 맥락입니다. 도토리는 참나무가 되려는 가능성을 가지고 있지만 아직 참나무는 아닙니다. 참나무는 도토리가 자기의 목적을 실현한

---

31)네이버 시사상식사전.

상태입니다. 즉 세상에 존재하는 만물은, 특히 인간은 가능에서 실현으로 나아가는 고귀한 목표를 지니고 있는데, 이를 자아실현이라 합니다.

그렇다면 현대를 살아가는 우리에게 행복이란 무슨 의미일까요? 우리는 어떤 자아실현을 꿈꾸고 있을까요? 보통 꿈이 뭐냐고 묻는 질문에 대부분의 사람들은 '무엇이 되겠다'며 직업을 이야기합니다. 과거에는 대통령, 과학자, 모험가 같은 이색적인 직업들도 많이 나왔지만, 최근엔 교사와 공무원 같은 안정적이고 현실적인 직업들이 최상위를 차지합니다. 그러나 직업을 정말 꿈이라고 이야기할 수 있을까요?

적어도 아리스토텔레스의 행복론에 따르면 직업은 '참나무'가 될 수 없습니다. 특히 상위 20%만 의미 있는 직업을 갖게 될 '20 대 80의 사회'에는 더더욱 그렇습니다. 현존하는 일자리의 절반이 사라지고 AI가 인간 직업의 다수를 대체할 미래에는 내가 꿈꾸는 직업이 없어져 있을지도 모를 일입니다. 이런 상황에서 특정 직업을 얻겠다거나 어디에 취업을 하겠다는 것을 과연 꿈이라고 이야기할 수 있을까요?

하지만 우리는 여전히 특정 직업을 갖기 위해 준비하고, 일자리를 얻는 것만이 자아실현의 전부라고 생각하고 있습니다. 교육과 학교도 마찬가지입니다. 학교는 산업시대의 노동자를 만들어내기 위해 구축된 19세기 시스템을 그대로 답습하고 있습니다. 200년 전 단일화·표준화·대량화라는 산업 사회의 가치를 실현하기 위해 만들어진 학교가 오늘날까지도 그대로 유지되고 있습니다. 단지 훈련된 노동력을 공급하기 위해서 말입니다.

우리가 가져야 할 꿈은 특정 직업이 아닙니다. 나아가 무엇이 되겠다, 돈을 많이 벌겠다와 같은 현실적 목표만으로는 행복을 실현할 수 없습니다. 확실한 것 한 가지는 지금처럼 오로지 의사·변호사 같은 특정 직업인이 되기 위해 공부하고 더 많은 돈을 벌기 위해 오늘을 희생하는 삶이 우리가 가야 할 방향은 아니라는 것입니다. 설령 그것이 꿈이라 하더라도, 이런 목표를 이루고 난 다음에는 무엇을 할 수 있을까요? 정작 자신이 말한 꿈을 이루었는데 그 이후의 것에 대해 생각해보지 않아 당황하고 허탈해하는 사람들이 적지 않습니다. 행복이 삶의 목적이라고 말하지만, 정작 그 행복이 뭔지는 모르는 것입니다. 행복은 직업과 돈이 아닌 그 너머에 있는 무언가입니다.

앞에서 이야기했듯이 행복은 무엇을 이룬 결과가 아니라, 그것을 추구해가는 과정입니다. 그 안에서 꿈은 평생에 걸쳐 도전할 수 있는 무언가여야 합니다. 그 꿈을 이뤄가기 위한 매 단계마다 특정 직업을 통해 자아실현을 하는 세부 목표들이 있을 뿐입니다. 행복은 거저 주어지는 것이 아닙니다. 자신의 내면을 깊이 들여다보고, 진정 원하는 것이 무엇인지, 자신의 본모습은 무엇인지 깨달을 때 비로소 행복을 느낄 수 있을 것입니다. 인간은 살면서 많은 걸 배웁니다. 하다못해 운전을 하기 위해서도 필기와 실기, 도로주행이라는 3단계 시험을 통과하고 면허증을 받습니다. 그런데 우리는 운전보다 훨씬 중요한 행복과 사랑을 추구하는 데 있어서 아무런 공부도 준비도 하지 않습니다. 하지만 사랑하기 위해서도 배워야 하고, 행복해지기 위해서도 공부를 해야 합니다. 부모가 되는 것도 마찬가지입니다.

책임과 의무, 헌신과 희생이라는 가치를 생각해볼 겨를도 없이 덜컥 엄마, 아빠가 되어 시행착오를 겪는 이들이 많습니다. 이런 경우 본의 아니게 아이들은 부모 되기의 실험대상이 되기 십상입니다.

그럼 이제 명확합니다. 삶의 목적이 아닌 방식과 도구에만 얽매이는 교육을 바꿔야 합니다. 미래 교육의 모습이 어떻게 펼쳐질 것이라고 단정할 수는 없지만 적어도 지금처럼 공식을 외우고, 각종 지식을 머릿속에 쌓아두는 형태의 교육은 아닐 것입니다. 우리가 학교에서 배워야 할 것은 지식만이 아니기 때문입니다. 지식은 혼자서도 얼마든지 습득할 수 있습니다. 정말 학교에서 해야 할 일은 '어떻게 하면 행복해질 것인가'에 대한 본인만의 답변을 찾을 수 있도록 돕는 일입니다.

앞으로는 행복을 느끼는 능력, 행복해지는 방법을 아는 것도 핵심 역량인 시대가 올 것입니다. 그렇기 때문에 우린 행복에 대한 아리스토텔레스의 조언을 깊이 새겨들을 필요가 있습니다. 그가 말한 행복은 두 가지입니다. 자신이 가진 본성, 또는 자기가 진정 원하는 것을 일깨워서 이뤄내는 것이 첫 번째입니다. 돈과 직업이 아닌 자신만의 꿈과 가치를 찾아 실현하는 것, 즉 자아실현입니다. 자신의 가능성을 알기 위해서는 끊임없이 고민하고 자신을 시험해봐야 합니다. 꿈을 꾸고 도전해야 한다는 이야기입니다. 꿈을 꾸고 도전해가는 이 모든 과정에 우리 삶의 목적이 있습니다.

두 번째는 자아실현을 통해 공동체에서 그 가치와 쓰임을 인정받는 것입니다. '인간은 사회적 동물'이란 말도 그렇게 나왔습니다. 인간은 공동체 속에서 자신의 쓰임새를 인정받고, 자신이 맺고 있는 다양한 인간관계 속에서 인연의 필요성을 이어갑니다. 골방에 틀어박혀 혼자 살아가지 않는 이상 모든 인간은 누군가에게 절실한 사람이 되기도 하고, 다른 이를 소중히 여기기도 합니다. 인간이 사회적 동물인 한 자신의 존재 의미는 타인과의 관계 속에서 결정됩니다. 자아실현이 중요하다고 해서 자신이 속한 사회에서 해가 될 일들을 해선 안 됩니다. 결국 자아실현은 공공선과 공동체의 이익에 부합할 때 진정한 의미가 있는 것입니다. 공동체에서 자기에게 주어진 책임과 의무, 역할을 다해내는 것이 노블레스 오블리주입니다. 사람은 타인과의 관계 속에서 자신의 존재를 인정받을 때 큰 행복을 느낄 수 있습니다.

미래 역량을 갖추는 것의 시작과 끝은 자신의 행복에 대해 끊임없이 고민하는 일입니다. 나의 본질은 무엇이고, 진정 내가 원하는 건 어떤 것인지, 그리고 나는 사회에서 어떤 가치가 있는지 찾아내는 것입니다. 이것이 전제되지 않는다면 어떤 미래 역량도 의미가 없습니다.

AI로 대표되는 기술혁신의 세상에선 자신의 철학과 줏대가 더욱 중요합니다. 남들이 만들어놓은 길로 가지 말고 스스로 행복할 수 있는 길로 걸어가야 합니다. 자기 가치관을 똑바로 세워 타인과의 비교에 휘둘리지 않아야 합니다. 존 스튜어트 밀(John Stuart Mill)의 말처럼 자신의 주체적 결정에 따라 사는 삶이 가장 행복합니다. "그 선택이 꼭 옳아서가 아니라, 자기 방식대로 스스로 결정해 움직이는 삶은 그 자체로 의미 있기 때문"[32]입니다.

---

32) 《자유론》